Reemtsma · Die Gewalt spricht nicht

Jan Philipp Reemtsma

Die Gewalt spricht nicht

Drei Reden

Philipp Reclam jun. Stuttgart

Universal-Bibliothek Nr. 18192
Alle Rechte vorbehalten
© 2002 Philipp Reclam jun. GmbH & Co., Stuttgart
Gesamtherstellung: Reclam, Ditzingen. Printed in Germany 2002
RECLAM und UNIVERSAL-BIBLIOTHEK sind eingetragene Marken
der Philipp Reclam jun. GmbH & Co., Stuttgart
ISBN 3-15-018192-5

www.reclam.de

Inhalt

Die Gewalt spricht nicht

Zum Verhältnis von Macht und Gewalt

Die Gewalt spricht nicht

Zum Verhältnis von Macht und Gewalt

Kratos und Bia

Ob die Tragödie *Der gefesselte Prometheus* von Aischylos stammt, ist umstritten.[1] Vor dem Hintergrund seiner großen Zivilisationstrilogie, der Orestie, die mit Rechtsstiftung und Sozialvertrag endet, nimmt sich der *Prometheus* wild und archaisch aus. Das göttliche Regiment des Zeus wird dort als Willkürherrschaft eines Putschisten dargestellt, der sein Regime terroristisch durchsetzt. Das Stück beginnt damit, daß Hephaistos den Titanen Prometheus, der wegen zu großer Menschenfreundlichkeit in Ungnade gefallen ist, an den Kaukasus schmiedet. Hephaistos tut nicht gern, was er tut, er fühlt sich Prometheus verbunden, aber Zeus fürchtet er. Hephaistos ist nicht allein. Begleitet wird er von Kratos und Bia – Macht und Gewalt.[2] Kratos treibt ihn an, droht ihm, verhöhnt ihn. Bia bleibt stumm. Prometheus wird erst in der nächsten Szene zu sprechen beginnen, dasselbe gilt für den Chor. Die erste Szene besteht also nur aus dem Dialog des Hephaistos mit der Macht. Erfinder solcher Dialog-

---

1 Vgl. Aischylos, *Tragödien*, übers. von Oskar Werner, hrsg. von Bernhard Zimmermann, Zürich 1996, S. 585.

2 Werner übersetzt statt »Macht« »Kraft« und scheint mir dabei die Pointe zu verpassen, denn »kratos« ist nicht nur jenes universale Vermögen, das wir mit »Kraft« bezeichnen, sondern durchaus eine interpersonale Beziehung. (Vgl. den Beitrag »Macht, Gewalt«, in: *Geschichtliche Grundbegriffe. Historisches Lexikon zur politisch-sozialen Sprache in Deutschland*, hrsg. von Otto Brunner, Werner Conze, Reinhard Koselleck.)

führung ist Aischylos gewesen, vor ihm gab es nur die
Wechselrede des Protagonisten mit dem Chor; erst So-
phokles führte den dritten Schauspieler ein.[3] Und doch
stehen drei Schauspieler auf der Bühne: Hephaistos,
Macht *und* Gewalt. Aischylos verzichtet nicht darauf, die
Gewalt neben die Macht zu stellen, auch wenn jene, den
eigenen ästhetischen Voraussetzungen gemäß, eine stumme Rolle sein muß.

Oder gerade deshalb? Wäre hier mit einem stupenden
ästhetischen Kunstgriff – der Einführung des dritten
Schauspielers als stummer Rolle – für den, der die Pointe
wahrzunehmen in der Lage war, eine Theorie des Verhältnisses von Macht und Gewalt entworfen? Oder kann
man wenigstens sagen, daß die in erste Bewegung gekommene Starrheit des griechischen Theaters einen Grad
der Abstraktion ins Spiel brachte, den das griechische
Theoretisieren über Politik nie erreicht hat? – Wie dem
auch sei, die Gewalt spricht nicht, sie begleitet die Macht,
die die Worte zielsicher zu setzen weiß, wie ein stummer
Schatten. Wie mag die Maske ausgesehen haben, die der
Darsteller der Gewalt getragen hat?

Macht ohne Gewalt

Vor rund dreißig Jahren schrieb Hannah Arendt, es falle
auf, daß Georges Sorels »vor etwa sechzig Jahren« gemachte Bemerkung, »die Probleme der Gewalt sind immer noch sehr dunkel«, nicht überholt sei. Gewalt sei
»kaum je als eigenständiges Phänomen betrachtet worden«. »Bei näherem Zusehen« stelle sich

---

3 Vgl. Aristoteles, *Poetik*, Kap. 4.

indessen heraus, daß die Sache wesentlich kompli-
zierter liegt. Sieht man sich nämlich die sehr um-
fangreiche Literatur über das Phänomen der Macht
an, so wird man schnell gewahr, daß man die Gewalt deshalb nicht beachtet hat, weil man von
Links bis Rechts der einhelligen Meinung ist, daß
Macht und Gewalt dasselbe sind beziehungsweise
daß Gewalt nichts weiter ist als die eklatanteste
Manifestation von Macht.[4]

Diese Anschauungsweise scheint bis heute populär zu
sein. Greifen wir zwei beliebige Werke aus dem Soziolo-
gie-Regal heraus:

Macht und Herrschaft beruhen auf der Möglichkeit von Gewaltanwendung. Max Weber, der wohl
prominenteste deutsche Soziologe des Jahrhun-
dertanfangs, definierte Macht in den »Soziologi-
schen Grundbegriffen« folgendermaßen: »Macht
bedeutet jede Chance, innerhalb einer sozialen Beziehung den eigenen Willen auch gegen Widerstreben durchzusetzen, gleichviel, worauf diese Chance beruht«.[5]

Oder:

Bis heute hat sich die Soziologie an die früh von
Max Weber gegebene Definition gehalten, wonach
Macht in einem allgemeinen Sinne jedes soziale

4 Hannah Arendt, *Macht und Gewalt*, München 1993, S. 36.
5 Dieter Claessens, »Macht und Herrschaft«, in: *Einführung in die
   Hauptbegriffe der Soziologie*, hrsg. von Hermann Korte und Bernhard
   Schäfers, Opladen 1988, S. 117.

Verhalten bezeichnet, in dem bestimmte Personen
die Chance haben, bei anderen Gehorsam zu finden [...]. Wenn dies dabei als Chance definiert
wird, innerhalb einer sozialen Beziehung den eigenen Willen auch gegen das Widerstreben der anderen durchzusetzen, dann folgt daraus: Macht und
soziale Ungleichheit hängen eng zusammen [...].
Allgemein gilt: Die wirksamste Form von Macht
liegt in der Fähigkeit zur Vernichtung des anderen.[6]

6 Mit der immer wieder angeführten Stelle bei Max Weber ist es nicht so
   einfach, wie es bei den Zitierenden klingt. Im Original: »*Macht* bedeutet jede Chance, innerhalb einer sozialen Beziehung den eigenen Willen auch gegen Widerstreben durchzusetzen, gleichviel worauf diese
   Chance beruht. *Herrschaft* soll heißen die Chance, für einen Befehl bestimmten Inhalts bei angebbaren Personen Gehorsam zu finden.« Diesen Definitionen sind folgende Erläuterungen beigegeben: »Der Begriff ›Macht‹ ist soziologisch amorph. Alle denkbaren Qualitäten eines
   Menschen und alle denkbaren Konstellationen können jemanden in die
   Lage versetzen, seinen Willen in einer gegebenen Situation durchzusetzen. Der soziologische Begriff der ›Herrschaft‹ muß daher ein präzise-
   rer sein und kann nur die Chance bedeuten: für einen *Befehl* Fügsam-
   keit zu finden.« (Max Weber, *Soziologische Grundbegriffe*, in: M. W.,
   Methodologische Schriften, mit einer Einf. bes. von Johannes Winckelmann, Frankfurt a. M. 1968, S. 356.) Die Erläuterung zeigt, daß der
   Sinn der Definition weit weniger martialisch ist, als diejenigen annehmen, die sie anführen. Macht ist darum »soziologisch amorph«, weil
   sie *nicht* auf irgendein anderes Vermögen zurückgeführt werden kann.
   Macht bedeutet, den eigenen Willen durchzusetzen »auch gegen Widerstreben«. Viele Weber-Ausleger verstehen dieses »auch« als Markie-
   rung des Tests, den Macht bestehen muß, um Macht zu sein. Weber
   aber schreibt das »auch« in durchaus anderem Sinne: um die angedeu-
   tete Kasuistik zu komplettieren (vgl. auch Wolfgang Sofsky / Rainer
   Paris, *Figurationen sozialer Macht. Autorität – Stellvertretung – Koalition*, Frankfurt a. M. 1994). Nicht nur dort ist Macht, wo Gehorsam
   erwartet werden kann (dort ist Herrschaft), aber eben *auch* dort.
   Macht beruht – worauf auch immer. Und wenn einer schöne Augen

»Unfähig das Gerechte zum Starken zu machen, hat der Mensch das Starke zum Gerechten erklärt« (Pascal). Oder Hobbes: »Verträge, hinter denen kein Schwert steht, sind nichts als leere Worte«.[7]

Schließlich:

Jemand hat Macht, weil er Macht über andere hat, weil er ihnen seinen Willen aufzwingen kann.[8]

Solches Denken steht in der Tradition des englischen Philosophen Thomas Hobbes. Hobbes war vom Thema der Gewalt besessen; sein Denken kreist um die Frage, wie Gewalt in der Gesellschaft beschränkt werden kann, und seine Antwort ist bekannt: durch Monopolisierung der Gewalt. Diese Monopolisierung der Gewalt durch den Staat ist die Durchsetzungsvoraussetzung staatlicher (bei ihm immer monarchischer) Macht. Beschränkung der Macht ist immer Beschränkung der Möglichkeit, die monopolisierten Gewaltmittel zu nutzen.

hat und kriegt, was er will, nennen wir's eben auch »Macht«. Es muß kein Widerstreben vorgelegen haben, weshalb der sich dann als mächtig erwies, sich genötigt gesehen hat, schöne Augen zu machen. Kein Wunder, daß Weber sich mit solchen Phänomenen der Macht nicht eingehender befassen mochte. Festzuhalten aber bleibt, daß diejenigen, die aus den zitierten Sätzen Webers ein Fundierungsverhältnis von Macht und Gewalt lesen, Macht und Herrschaft verwechseln. Nach Weber hat Herrschaft das, was Macht abgeht. Und da, wo wir Befehle vorfinden, mögen wir auch ein Drohpotential für gegeben annehmen und Gewalt im Hintergrund vermuten. Was uns aber noch nicht der Prüfung enthebt, nachzusehen, wo und wie.

7 Urs Jaeggi, »Macht«, in: *Handbuch Soziologie. Zur Theorie und Praxis sozialer Beziehungen*, hrsg. von Harald Kerber und Arnold Schmieder, Reinbek 1991, S. 343f.
8 Sofsky/Paris (s. Anm. 6), S. 9.

Aus Hannah Arendts Blickwinkel steht fast alles bis-
herige Theoretisieren über das Verhältnis von Macht und
Gewalt in der Tradition von Thomas Hobbes. Sie scheint
mir dabei zu übersehen, daß sie selbst nicht gar so allein
dasteht, sondern auch in einer Tradition, wenn auch in einer weit weniger einflußreichen – in der von David
Hume nämlich. David Hume hat die berühmten Zeilen
geschrieben:

> Nichts erscheint erstaunlicher bei der philosophi-
> schen Betrachtung menschlicher Angelegenheiten
> als die Leichtigkeit, mit der die Vielen von Wenigen
> regiert werden und die stillschweigende Unterwer-
> fung, mit der Menschen ihre eigenen Gesinnungen
> und Leidenschaften denen ihrer Herrscher unter-
> ordnen.[9]

Hume weigert sich, Gewalt als Ursache dieses Zustan-
des in näheren Betracht zu ziehen:

> Fragt man sich, wie es zu diesem Wunder kommt,
> so stellt man fest, daß, zumal die Regierten stets die
> Stärke auf ihrer Seite haben, die Regierenden durch
> nichts anderes gestützt werden als durch Meinung.
> Regierung gründet sich daher ausschließlich auf
> Meinung und diese Tatsache gilt für die überaus
> despotischen und militärischen Regierungen eben-
> so wie für die freiesten und republikanischsten.[10]

9 David Hume, *Über die ursprünglichen Prinzipien der Macht*, in:
  D. H., *Politische und ökonomische Essays*, übers. von Susanne Fischer,
  mit einer Einl. hrsg. von Udo Bermbach, Teilbd. 1, Hamburg 1988,
  S. 25.
10 Ebd.

»Meinung« – »opinion«, das »was die Leute davon halten«, also: Zustimmung. Inwieweit handelt es sich hier überhaupt um empirische Fragen oder solche der Definition? Das hängt natürlich von der gewählten Definition ab. Wer etwas über das Verhältnis von Macht und Gewalt erfahren möchte, tut gut daran, »Macht« nicht so zu definieren, daß er sich der Möglichkeit beraubt, Überraschungen zu erleben. Wenn man eine systematische Fundierung aller Machtbeziehungen auf Gewalt (aktueller oder latenter Gewaltdrohung) definitorisch festlegt, hat das weitreichende Folgen. Man wird Vorgänge, die ein Gegner einer solchen Definition als Gegenbeispiele anführen würde, entweder stur als »kein Beispiel für ein Machtverhältnis« bezeichnen oder vergleichsweise komplizierte Zusatzannahmen, vorzugsweise psychologischer Natur, machen müssen, etwa die, daß jemand, der in einer Machtbeziehung als der schwächere Teil dastehe, in seinem Handeln immer schon vorwegnehmend Ketten von negativen Konsequenzen für nicht machtbeziehungskonformes Handeln gleichsam durchrechne, bis er »letzten Endes« auf die Drohung mit Gewalt stoße, weshalb er es dann gar nicht soweit kommen lasse. Eine andere Zusatzannahme könnte lauten, daß machtbeziehungskonformes Verhalten über Gewaltdrohungen gelernt werde, weshalb man im Befehl, in der Anordnung das Zitat der Gewaltdrohung vernehme und so handle, als wäre eine explizite Drohung ausgesprochen worden. Das mag sich so verhalten oder nicht, jedenfalls sollten so weitreichende Annahmen nicht am Anfang einer Untersuchung stehen. Solche definitorischen Einengungen sind Folge davon, daß von vornherein nicht genug Situationen als »typisch für Machtbeziehungen« in den Blick genommen werden. Es sei »ein Fehler«, so Anthony Giddens,

> Macht dem Wesen nach als entzweiende Qualität zu behandeln, auch wenn es keinen Zweifel gibt, daß einige der erbittertsten Konflikte im sozialen Leben zu Recht als ›Machtkämpfe‹ interpretiert werden.[11]

Giddens kritisiert nicht nur die Annahme eines Fundierungsverhältnisses von Macht und Gewalt, sondern allgemeiner die Neigung, nur (potentielle) Konfliktsituationen als Beispiele für Machtbeziehungen zu sehen. Wie Arendt setzt auch Giddens sich von einer intellektuellen Tradition ab:

> Bereits Durkheim hat darauf hingewiesen, daß der Marxismus wie der Sozialismus – etwas allgemeiner gefaßt – vieles mit ihrem Gegner, dem utilitaristischen Liberalismus, gemeinsam haben. Beide ›fliehen die Macht‹, und beide binden Macht inhärent an Konflikt. Da sich die Macht in Marx' Augen auf den Klassenkonflikt gründet, stellt sie für die antizipierte Gesellschaft der Zukunft keine Bedrohung dar: Im Zuge ihrer Entstehung wird auch die Klassenspaltung überwunden. Für die Liberalen, die die Möglichkeit der Verwirklichung einer solchen revolutionären Reorganisation der Gesellschaft bezweifeln, ist die Bedrohung der Macht allgegenwärtig.[12]

---

11 Anthony Giddens, *Die Konstitution der Gesellschaft*, Frankfurt a. M. / New York 1995, S. 337.
12 Ebd., S. 314.

Das Moment der Zustimmung ist auch für Hannah Arendt das entscheidende. Allerdings interessiert sie sich weniger für das Verhältnis von Regierenden und Regierten, sondern für Gruppen, die die Macht ergreifen und halten. Für Arendt ist Macht die Handlungsfähigkeit und Handlungsbereitschaft einer Gruppe. Die Macht dieser Gruppe findet ihre Schranke in der Macht einer anderen Gruppe – ist die nicht in Sicht, kann die Macht der einen Gruppe, sei sie zahlenmäßig auch klein, dauern: »Eine zahlenmäßig kleine, aber durchorganisierte Gruppe von Menschen kann auf unabsehbare Zeiten große Reiche und zahllose Menschen beherrschen.«[13] Aber *wie* gelingt ihr das? *Wie* kann sie die eigene Machtposition »auf Dauer stellen«, um den Weberschen Ausdruck zu verwenden?[14] Zum Beispiel dadurch, wäre eine mögliche Antwort, daß die Bildung potentiell konkurrierender Machtgruppen gewaltsam verhindert wird. »Gewalt aber«, schreibt Arendt, »kann Macht nur zerstören, sie kann sich nicht an ihre Stelle setzen«.[15] Doch das würde in diesem Falle reichen: die Zerstörung von (potentieller) Gegenmacht sichert die bestehende. Aber diese Möglichkeit, Gegenmacht zu zerstören, ist in sich noch kein Garant des Machterhalts. Macht dauert an, solange sie nicht von außen zerstört wird und solange die Kohärenz der machtausübenden Gruppe dauert. Macht verschwindet, so sagt Arendt, mit dem Zusammenhalt der Gruppe:

13 Hannah Arendt, *Vita activa oder Vom tätigen Leben*, München 1997, S. 253.
14 Max Weber (s. Anm. 6).
15 Hannah Arendt (s. Anm. 11), S. 255.

Was eine Gruppe von Menschen als Gruppe zu-
sammenhält, wenn der immer flüchtige Augenblick
des Zusammenhandelns verflogen ist, und was wir
heute Organisation nennen, ist Macht, die wiederum ihrerseits dadurch intakt gehalten wird, daß die
Gruppe sich nicht zerstreut.[16]

Das ist der Definition gemäß und soweit logisch korrekt, aber nicht mehr. Über das Funktionieren von
Machtverhältnissen, das heißt das Verhältnis von
Machtüberlegenen gegenüber Machtunterlegenen, erfährt man nicht viel. Das liegt daran, daß sich Arendt –
jedenfalls im Zusammenhang ihrer systematischen Ausführungen zum Thema »Macht« – für die Frage des
Machterhalts und die der Ausübung von Macht nicht
wirklich interessiert. Wofür sie sich interessiert, ist jener
Moment des, man ist versucht zu sagen: Aufblühens
von Macht, den sie schwärmerisch so beschreibt:

Mit realisierter Macht haben wir es immer dann zu
tun, wenn Worte und Taten untrennbar miteinander verflochten scheinen, wo also Worte nicht leer
und Taten nicht gewalttätig stumm sind, wo Worte
nicht mißbraucht werden, um Absichten zu ver-
schleiern, sondern gesprochen sind, um Wirklich-
keiten zu enthüllen, und wo Taten nicht mißbraucht werden, um zu vergewaltigen und zu zerstören, sondern um neue Bezüge zu etablieren und
zu festigen, und damit neue Realitäten zu schaffen.[17]

16 Ebd., S. 254.
17 Ebd., S. 252.

»Nichts«, schreibt sie an anderer Stelle, sei

vielleicht in unserer Geschichte so selten und so
kurzfristig gewesen wie echtes Vertrauen in Macht;
nichts hat sich hartnäckiger zur Geltung gebracht
als das platonisch-christliche Mißtrauen gegen den
Glanz, der der Macht eigen ist [...], nichts schließlich hat sich in der Neuzeit allgemeiner durchge-
setzt als die Überzeugung, daß ›Macht korrum-
piert‹. Einmalig, jedenfalls in dem hohen Vertrauen
darauf, daß Menschen die ihnen eigene Größe han-
delnd darstellen und als Handelnde der Nachwelt
überliefern können, sind die Worte des Perikles,
wie Thukydides sie berichtet [...]. Sosehr die Rede
des Perikles vermutlich den innersten Überzeugun-
gen der Athener entsprach [...], gelesen hat man sie
doch immer, auch schon im Altertum, mit der trau-
rigen, rückwärtsgewandten Gewißheit, daß dieser
Höhepunkt der Polis doch auch bereits der Anfang
vom Ende war.[18]

Hinzuzufügen wäre, daß dort etwas zu Ende ging,
das *so* dort auch gar nicht begonnen hatte – die absurde,
auch bei Karl Jaspers anzutreffende Perikles-Vereh-
rung[19] einmal beiseite gestellt. Man sieht, wie sehr die
Idealisierung eines Stückes Geschichte dazu dienen
muß, die Plausibilitätskollision einer Definition mit der
Wirklichkeit zu vermeiden. Es ist verblüffend zu sehen
(und ein wenig schade), wie sehr die große realistische

18 Ebd., S. 259 f.
19 Vgl. Hannah Arendt / Karl Jaspers, *Briefwechsel. 1926–1969,* hrsg.
    von Lotte Köhler und Hans Saner, 3. Aufl., München 1993, S. 502.

Spötterin Hannah Arendt den Blick auf die Ambivalenzen der Phänomene der Macht vermied, obwohl sie natürlich das Phänomen der Korrumpierung durch Macht nicht unerwähnt läßt. Bezeichnend ist, daß sie das griechische Wort »dynamis« für »Macht« setzt und das lateinische »potentia« – also weder »kratos« noch »arche«, noch »potestas«, die jeweils andere Aspekte der Macht bezeichnen.

Diese Beschränkung des Blicks auf den pathetischen Moment des Machtgewinns (und dies anhand von Beispielen, die nicht durch Blutvergießen gekennzeichnet waren oder sind) macht natürlich eine zureichende Theoretisierung des Sozialverhältnisses Macht unmöglich. Dennoch ist dieser Blick lehrreich, weil er uns jene Momente von Gewaltferne erkennen läßt, die auch die gewaltsamsten Anstrengungen, Macht und Übermacht zu erringen, mit sich führen. Keine Machtbeziehung, die differenzierter ist als das krude Gegenüber von Über- und Ohnmächtigem, ist – und auch nicht »letzten Endes« – nur eine Gewaltbeziehung. Wo Hoffnungen seitens des weniger Mächtigen ins Spiel kommen, wo seitens der Mächtigen Gehorsams- bzw. Unterstützungsverhältnisse anerkannt werden müssen, ist mehr als Gewalt im Spiel – so viel mehr, daß man erkennen muß: Gewalt alleine hätte die Machtbeziehung so nicht zu konstituieren vermocht. Es läuft immer auf das simple Gedankenspiel hinaus: Wäre der Mächtigste mächtig durch bloße Gewalt(mittel), könnte er seine Macht nur so lange ausüben, wie er wach bleiben kann. Nach etwas mehr als 48 Stunden braucht er jemanden, der bereit ist, ihn zu unterstützen, einen Freiwilligen, einen, der durch Gewalt nicht zu zwingen ist. Und wenn man ihn sich auch als Eingeschüchterten vorstellen möchte, wird man ihn doch auch äußerstenfalls als einen sehen müssen, der seine eigene Freiheit nicht sieht, nicht aber als einen tatsächlich Unfreien.

Folgte man aber Hannah Arendt darüber hinaus, so dürfte man allerdings alles das nicht »Macht« nennen, was sich nicht in den Gesten freier Übereinkunft erschöpfte. Einschüchterung und Drohung, aktuell oder in Antizipation künftiger Machtüber- und -unterlegenheit, gehörte nicht zum Machtgewinn. Das ist absurd genug. Daß es zum Macht*erhalt* gehört, mag man kaum eigens erwähnen. Aber tatsächlich interessiert sich Arendt eben für den Machterhalt nicht. Er ist ihr egal oder, besser gesagt: fremd.

Macht als Sanktionsmacht

Spiegelbildlich zu Hannah Arendt verhält sich Niklas Luhmann. Blickt sie nur auf den Machtgewinn, interessiert er sich im Grunde nur für den Machterhalt. Er schränkt Machtbeziehungen auf die Situationen ein, in denen es eine »Vermeidungsalternative« gibt. Auch er wendet sich dagegen, Macht und Gewalt konzeptionell zusammenzubringen, und will in keiner Weise dem Satz zustimmen, jemand habe Macht, weil er anderen seinen Willen aufzwingen könne. Er lehnt die »Vorstellung, Macht sei ein Bewirken von Wirkungen gegen möglichen Widerstand, sozusagen Kausalität unter ungünstigen Umständen«[20], ab.

20 Niklas Luhmann, *Macht*, Stuttgart 1988, S. 1.

Die Kausalität der Macht besteht in der Neutralisierung des Willens, nicht unbedingt in der Bre-
chung des Willens des Unterworfenen. Sie betrifft
diesen auch und gerade dann, wenn er gleichsinnig
handeln wollte und dann erfährt: er muß ohnehin.[21]

In einer Machtbeziehung werden nach Luhmann die
Handlungsmöglichkeiten des Machtüberlegenen wie
des -unterlegenen auf eine Alternative[22] eingeschränkt
und stoßen insofern auf eine identische Präferenzlage,
als beide (voraussichtlich) die eine Möglichkeit der anderen vorziehen.

Macht setzt voraus, daß *beide* Partner Alternativen
sehen, deren Realisierung sie *vermeiden* möchten.
[...] Unter dieser Voraussetzung kann eine *hypo-
thetische Kombination* von Vermeidungsalternati-
ven beider Seiten hergestellt werden.

Damit ist das gemeint, was man die Drohung mit einer Sanktion nennt: »Wenn du nicht, dann ...!« – wobei
die Drohung impliziert, daß auch der Drohende lieber
anders sein Ziel erreicht, was er nicht tut, wenn er die
Drohung wahr machen muß. Gleichzeitig solle von einer Machtbeziehung nur gesprochen werden, wenn
nicht gilt, was Eltern gerne von sich behaupten, wenn

21 Ebd., S. 11 f.
22 Ich halte mich an den Sprachgebrauch, nach dem »eine Alternative«
    das Bestehen zweier Möglichkeiten ist. Daß auch der so oft erfri-
    schend konservative Luhmann sich dem Sprachgebrauch, der »Alter-
    native« synonym setzt mit »Möglichkeit«, beugt (vgl. folgendes Zitat
    u. ö.), betrübt mich nachhaltig.

sie ihre Kinder bestrafen: daß es ihnen mehr weh täte
als jenen:

> Zur Machtausübung kommt es erst, wenn die Be-
> ziehung der Beteiligten zu ihren jeweiligen Vermei-
> dungsalternativen *unterschiedlich* strukturiert ist
> derart, daß der Machtunterworfene seine Alternati-
> ve [...] vergleichsweise *eher* vermeiden möchte als
> der Machthaber, und auch diese Relation zwischen
> den Relationen der Beteiligten zu ihren Vermei-
> dungsalternativen für die Beteiligten erkennbar
> ist.[23]

Das auf dieser Stufe der Überlegung Interessante an
der Position Luhmanns ist, daß für die Analyse einer
Machtbeziehung nicht auf Hypothesen darüber zurückgegriffen werden muß, was die Leute getan hätten,
wenn sie nicht getan hätten, was sie aufgrund der
Machtbeziehung getan haben.[24] Man muß also nicht
dauernd das Bild eines Konflikts vor Augen haben, der
durch die Ausübung von Macht geregelt oder antizipie-
rend geregelt wird,[25] obwohl Machtausübung auch im
Luhmannschen Sinne immer auch als Konfliktvermei-
dung verstanden werden *kann*.[26] Gleichwohl bleibt

---

23 Ebd., S. 22.
24 Sofsky/Paris' Konzept von Macht beruht auf genau dieser Unterstellung: »Eine Gesellschaft ohne Macht wäre eine Gesellschaft von Ja-
 sagern. Wer sie abschaffen wollte, müßte alle der Fähigkeit berau-
 ben, nein sagen zu können.« (s. Anm. 6, S. 9) – Mir scheint es prak-
 tisch zu sein, solche Voraussetzungen nicht zu machen.
25 Vgl. ebd., S. 10.
26 «Alle sozialen Systeme sind potentiell Konflikte«, ebd., S. 5.

Macht auf das Operieren mit der Handlungsalternative
»x oder Sanktion« beschränkt.

> Liebe, Geld und Überredung zu Wertkonsens las-
> sen sich nicht als Fälle von Macht spezifizieren
> […]. Die Ausgangslage kann sehr wohl auf positi-
> ven Leistungen des Machthabers beruhen – etwa
> auf Schutzversprechen, Liebeserweisen, Zahlungs-
> versprechen; sie wird in Macht aber nur dann
> transformiert, wenn nicht schon die Ausgangslage
> selbst, sondern ihr Entzug vom Verhalten des Un-
> terworfenen abhängig gemacht wird.[27]

Antizipation

Wo für Arendt Macht Einflußgewinn aufgrund gemeinsamen Enthusiasmus ist, ist Macht für Luhmann Sanktionspotential. Beide aber verkennen das Moment der
Zeitlichkeit in Macht, und damit Wesentliches. Machtgewinn ist Entwurf auf Machterhalt und -nutzung;[28]
Machterhalt ist Kontinuitätsbildung als Entwurf in Dauer. Und zwar gilt dies jeweils gegenüber dem Machtunterlegenen oder, für Fälle, in denen dies Wort besser paßt:
dem Machtunterworfenen. Macht*erhalt* kann immer
auch als permanenter Macht*gewinn* verstanden werden,[29]
und Macht*gewinn* ist auch Antizipation der Bedingun-

---

27 Ebd., S. 23.
28 Hiermit ist nicht gesagt, daß dieser Entwurf sich nicht ändern, korri-
   giert werden kann.
29 So etwa Gerhard Schröder, als er sagte, man müsse jedes Wochenende
   Wahlen gewinnen können.

gen des Machterhalts.[30] Dies wird im folgenden immer wieder anzusprechen und auszuführen sein. An dieser Stelle sei nur darauf hingewiesen, daß keine Beziehung zwischen einem Überlegenen und einem Unterlegenen allein darauf beruht, was in diesem Augenblick geschieht, sondern immer auch auf den Annahmen beider, was im nächsten Augenblick sein wird. Derjenige, der im nächsten Augenblick seine Überlegenheit verlieren wird, hat sie jetzt schon verloren. Und der Gefolterte, der weiß, daß er den nächsten Schmerz nicht mehr ertragen wird, erträgt mit diesem Wissen den aktuellen nicht mehr. Wie immer die Situation beschaffen ist. In der Regel gibt es auf beiden Seiten eine ziemlich klare Vorstellung des nächsten Augenblicks – das heißt der beiderseitigen Handlungsoptionen. Diese Klarheit nimmt in die Zukunft hin ab, im Normalfall bis hin zu einer undifferenzierten Vorstellung von Normalität, einem Immer-weiter-so.

Gratifikationsmacht, Sanktionsmacht und Gewalt

Wird ein solches Immer-weiter-so durch den Machtgewinn einer Gruppe unterbrochen, wird sie (wie immer sie auch mit einer Sanktionsdrohung gegenüber den potentiell Widerstrebenden verbunden sein mag) mit einem Versprechen versehen sein, das natürlich ganz unterschiedlich ausfallen kann: materieller Gewinn, Sicherheit, vielleicht nur Kontinuität des status quo – denen gegenüber, die sich unterstützend oder vielleicht neutral verhalten. Dasselbe gilt für den Machterhalt. Das heißt,

---

30 Man bedenke, welche Mühe Shakespeare seinen Richard III. darauf verwenden läßt, die Mutter, deren Tochter er heiraten will, davon zu überzeugen, daß dem *nicht* so ist.

daß Macht nicht nur Sanktions-, sondern auch Gratifikationsmacht ist. Luhmanns Machtbegriff schließt diese Dimension unmißverständlich aus. Zwar könne Macht auch durch Gratifikationen *erlangt* werden, aber auf Dauer gestellt werde sie nur, wenn Gratifikationen in Sanktionspotential überführt werde.

Hierauf ist zweierlei zu sagen. Erstens muß man gewiß Macht von bloßem Einfluß unterscheiden. Einfluß stützt sich in der Regel auf Gratifikationen (nicht nur materielle, auch Informationen gehören dazu), aber Macht kommt ohne die *Möglichkeit* von Sanktionen nicht aus – wenn das auch nicht heißt, daß Macht *nur* Macht zur Sanktion ist. Zweitens aber gibt es Gratifikationen, die nicht entzogen werden können, sei es, weil die Sanktionsmacht nicht groß genug ist, sei es, weil die Gratifikation verbraucht ist – ihr Entzug könnte (»Brot und Spiele«) nur darin bestehen, ihre Gewährung nicht auf Dauer zu stellen. Auch dieses Beispiel macht deutlich, daß hier seitens derer, über die Macht ausgeübt wird, ein antizipatorisches Moment ins Spiel kommt, wobei die Hoffnung, die Gratifikation werde regelmäßig gewährt, schwer von der Befürchtung, sie könne entzogen werden, zu trennen ist. Beides gehört zusammen. Luhmann ist zuzustimmen, wenn er das Moment der Sanktion – das übrigens nicht mit »Gewalt« gleichgesetzt werden darf – als für Macht unabdingbar ansieht. Ohne Sanktionsmacht ist Macht nicht dauerhaft Macht, aber hinzuzufügen ist, daß Macht nicht nur dort Macht ist, wo dieses Potential aktuell (in Form einer Drohung etwa) ins Spiel kommt.

Man kann sich das Zusammenspiel der beiden Machtpotentiale Gratifikations- und Sanktionsmacht an folgendem Schema deutlich machen:

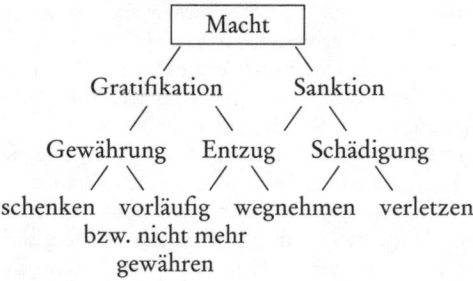

Abbildung 1

Der Gewährung einer Gratifikation entspricht auf der Seite der Sanktion die Schädigung. Die Verbindung von Gratifikationsmacht und Sanktionsmacht ist der Entzug des Gewährten. Dieses kann man weiter differenzieren. Der Seite der Gewährung ohne Sanktionsvorbehalt, der Schenkung, entspricht auf der Sanktionsseite die Verletzung. Dazwischen steht die Gewährung, die rückgängig gemacht werden kann (wodurch der Machtunterworfene dasteht wie vor der Gewährung), und die Schädigung durch Wegnehmen, das heißt die Wiederaneignung eines Geschenkten oder von etwas, das nicht mit vorgängiger Gratifikationsgewährung zu tun hat.

Macht ist das *gesamte Gefüge*, und das Zusammenspiel seiner Komponenten macht Macht dauerhaft zu Macht. Das schließt nicht aus, daß es Macht*situationen* gibt, die auf Teile des Schemas reduzierbar sind. Wer immer aber mögliche Szenarien von Machtgewinn und -erhaltung durchdenkt, wird erneut dazu kommen, daß seitens der Machtüber- wie -unterlegenen eine mehr oder weniger deutliche *Antizipation des gesamten Gefüges* stattfinden wird, das heißt auch eine, wie immer vorläufige und undeutliche, Selbstverortung als Subjekt oder Objekt der Machtausübung. Zwar sind immer Situationen denkbar, in denen der Machtüberlegene eine Weile seinen Status wahrt, indem er die Wirklichkeit, in der er agiert, erfolgreich so zu reduzieren vermag, daß er zum Beispiel nur mit Schädigungsdrohungen auskommt oder, auf der anderen Seite, mit Gratifikationen auf Zeit. Aber die Begrenztheit solchen Agierens wird schnell deutlich: Der Machthaber, der nur auf Sanktionen setzt, wird diejenigen, die für ihn als Nötigungs- und Drohpotential agieren, mit Gratifikationen bei der Stange halten müssen (Shakespeares *Richard III.* führt einen Fall vor, in dem ein Machthaber dies übersieht), der Verteiler von Gratifikationen auf Zeit wird langfristig nicht ohne Sanktionsmacht auskommen können, mit der er deutlich macht, daß die Gratifikation wirklich nur auf Zeit gewährt worden ist (die Erblichkeit der Lehen im frühen Feudalismus beruhte auf dem Umstand zu geringer Sanktionsmacht der Könige).

Diese Überlegungen werden auch vor einem substantialistischen Mißverstehen des Schemas bewahren.[31] Macht ist natürlich keine Ressource, die bewahrt und auf die in Situationen zurückgegriffen werden kann wie auf Vorräte. Macht ist immer eine personale Beziehung – auf das Moment der Anerkennung der Macht werde ich im weiteren eingehen –, aber dennoch wird Macht oft *wahr-*

---

31 Um so dem Einwand von Sofsky / Paris zuvorzukommen, der lauten könnte: »Allzu oft verbindet sich mit dem Begriff der Macht die Vorstellung, Macht sei ein Besitz, ein Vermögen an Ressourcen, das von Zeit zu Zeit eingesetzt wird, um fremden Widerstand zu brechen.« (s. Anm. 6, S. 11)

genommen wie ein Besitz, über den jemand verfügt und den er nach Belieben einsetzen kann. Das Schema soll die Variationsbreite möglicher Handlungen eines Machtüber- gegenüber einem Machtunterlegenen bezeichnen und damit Situationen kennzeichnen, die der Machtüberlegene erfolgreich meistern muß, um Macht zu gewinnen und zu erhalten.

Hier wird sich nun endlich die Frage stellen, wo denn in diesem Gefüge die Gewalt sitzt, und ihr Ort ist leicht erkennbar: Die Macht zu verletzen ist die gewalttätige Seite der Macht, und diese wird auch benötigt werden, wenn es darum geht, die Macht wegzunehmen.

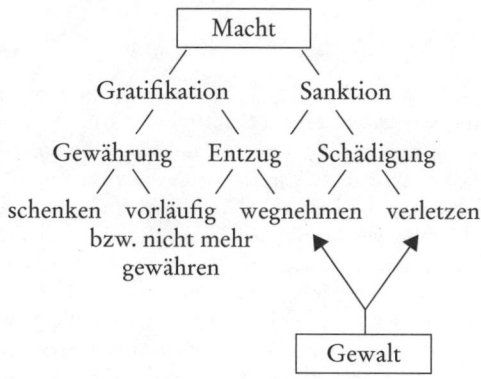

Abbildung 2

Das Schema zeigt die Nichtrückführbarkeit von Macht auf Gewalt, zeigt aber in der, wenn man so will, »Sanktionslastigkeit« des Gefüges auch, daß Gewalt doch etwas

ist, das immer schnell in den Blick kommt, wenn von
Macht die Rede ist, oder wenn die Stabilität von Machtbeziehungen in Frage steht. Denn in einem ist die Macht
zu verletzen und wegzunehmen (Vermögen, Freiheit)
vor den anderen Möglichkeiten der Machtausübung aus-
gezeichnet: sie hütet das gesamte Gefüge. Sie ist das Mittel, den »Aufstand gegen die Verhältnisse« niederzu-
schlagen oder seine Vergeblichkeit vorsorglich zu demonstrieren. Dieser Umstand dürfte die Hauptursache
des Fehlschlusses sein, Macht sei »letztlich« doch nur
(potentielle) Gewalt. Wer so schlösse, verkenne das konsensuelle Element, das in jedem gelungenen Machtgefälle
liegt.

Konsens und Antizipation

Heinrich Popitz beschreibt in seinen »Phänomenen der
Macht«, wie es auf einem Schiff einer Gruppe von neu
Zugestiegenen gelingt, die Deckstühle, deren Zahl für
alle Passagiere nicht ausreicht und die zuvor nach dem
Zufallsprinzip verteilt worden waren, zu monopolisie-
ren. Das Beispiel ist, das sei nur am Rande erwähnt, ein
Beispiel für Machtgewinn ohne Gewalt (die übrigen Passagiere sind in der Mehrheit), wenn auch nicht ohne rabi-
ates Benehmen, zu dem im Einzelfall die Gewaltandro-
hung durchaus gehört, aber die Addition dieser Einzel-
fälle erklärt nicht den Machtgewinn der Gruppe.

   Popitz erklärt den Machtgewinn einmal aus der überlegenen Organisationsfähigkeit der Gruppe – sie handelt
planvoll und organisiert, der Rest der Passagiere bildet
keine Gruppe, sondern bleibt eine diffuse Ansammlung
von Einzelnen. Als zweites Moment führt Popitz die

»Legitimationsanerkennung auf Gegenseitigkeit« an. Die Mitglieder der Gruppe, die die Deckstühle besetzt, eignen sich diese nicht nur individuell an, sondern achten auch darauf, daß anderen Gruppenmitgliedern keine weggenommen werden. Wird dieses versucht, reagieren sie gemeinsam und voller Empörung. Sie demonstrieren einen irgendwie moralisch konnotierten Anspruch auf die Deckstühle. Popitz schreibt zu dieser ausdrücklich als »absurd« bezeichneten »Durchsetzungsfähigkeit der neuen Gruppe«:

Legitimitätsgeltung i. S. Max Webers erreicht eine Ordnung, insbesondere auch eine Herrschaftsordnung, sofern sie »an sich verbindlich« anerkannt wird; eine Anerkennung grundsätzlicher Art, die über bloße Gewohnheit und Opportunität hinaus ein zusätzliches Motiv schafft, sich im Sinne dieser Ordnung zu verhalten. [...] Nun sieht Max Weber diese Legitimierung stets gleichsam in einer sozialen Vertikalen: als eine Beziehung von unten nach oben bzw. von oben nach unten. Die Herrschenden stellen einen Legitimitätsanspruch nach unten, die Beherrschten adressieren einen Legitimitätsglauben nach oben. Für die Darstellung ausgebildeter Legitimitätsstrukturen ist das eine sinnvolle Vereinfachung. Aber sie kann irreführen, wenn man nach der Entstehung der Legitimitätsregelung, nach den ersten erkennbaren Spuren dieses Prozesses fragt. Auf unserem Schiff entwickelte sich allmählich eine neue Ordnung, die eine bestimmte Gruppe privilegierte. Für wen wurde diese neue Ordnung legitim, wie bildete sich hier eine Legiti-

mitätsgeltung? Die Antwort ist ebenso einfach wie
die Frage. Legitim erschien diese Ordnung zunächst den Privilegierten selbst.

Aber, und das ist das Entscheidende, nicht durch bloße
Addition der individuellen Vorstellungen von einem
»Recht auf einen Deckstuhl«, sondern

> die Anerkennung vollzog sich vielmehr nach dem
> Gegenseitigkeitsprinzip in einem Austauschprozeß
> der Privilegierten untereinander. [...] Wie sie sich
> aus evidentem Interesse in der Verteidigung ihrer
> Ansprüche halfen, so halfen sie sich gegenseitig im
> Aufbau ihres überzeugend guten Gewissens: Ich
> erkenne nicht nur meinen Anspruch an, sondern
> auch den Anspruch des anderen, der meinen an-
> erkennt. – Weil ich den anderen anerkenne, bin
> ich im Recht; weil der andere mich anerkennt, bin
> ich im Recht. – Weil der andere mich anerkennt,
> wie ich ihn anerkenne, und ich ihn, wie er mich,
> sind unsere Ansprüche in *unserem* Recht begrün-
> det.[32]

Wie wird aber aus dieser (absurden) wechselseitigen
Aufladung mit Moral ein Machtgewinn – über andere?
Hier wird Popitz ein wenig undeutlich, und dies ist auch
der Punkt, an dem Hannah Arendt scheitert. Sie blickt
nur auf die Fähigkeit der Gruppenmitglieder, sich anein-
ander zu begeistern, nicht auf die von den Nichtmitglie-
dern empfundene Nötigung, dem zu folgen, was die
Gruppe vorgibt. Popitz spricht von der »Suggestivkraft

---

32 Heinrich Popitz, *Phänomene der Macht*, Tübingen 1992, S. 197 f.

des Einverständnisses« und daß die »starke Überzeugung, daß etwas recht und billig sei, bekanntlich ungeheuer ansteckend« sei.[33] Es bliebe aber zu fragen, wie diese Ansteckung funktioniert.

Die wechselseitige Binnenlegitimation der Gruppe greift vor auf das Webersche Legitimationsmodell. Sie tut so, als gäbe es bereits das sich ergänzende Verhältnis von Legitimitätsanspruch und Legitimitätsglauben. Dieser Antizipation seitens der Machtüberlegenen entspricht eine komplementäre Antizipation seitens der Machtunterlegenen. Zu rationalistisch wäre allerdings die Annahme, hier fände ein Kalkulieren der eigenen Chancen nach der Machtergreifung statt und ein daraus folgendes antizipierendes Sicheinrichten in statu nascendi. Vielmehr dürfte die Antizipation ein Bild künftiger Ordnung entwerfen, die, und mag sich der einzelne Antizipierende darin auch als minderprivilegiert voraussehen, doch ein größeres Maß an Sicherheit und Berechenbarkeit verspricht als der unordentliche Zustand, der die Folge von Widerstand wäre, und allemal eine bessere Position der Macht gegenüber als im Fall einer gescheiterten Rebellion.

Erinnern wir uns an die bereits zitierten Worte David Humes, »opinion« – Zustimmung der Mehrheit zum Machtstatus der Minderheit – sei die Grundlage der Macht. Diese Zustimmung nun kann aus unterschiedlichen Gründen erfolgen, jenseits aller Privilegienkalküle besteht sie aber vor allem in dem, was Popitz »Ordnungssicherheit« nennt:

---

33 Ebd., S. 199.

Ordnungssicher sind die Beteiligten, wenn sie ein sicheres Wissen haben, was sie und was andere tun dürfen und tun müssen; wenn sie eine Gewißheit entwickeln können, daß sich alle Beteiligten mit einiger Verläßlichkeit auch wirklich so verhalten, wie es von ihnen erwartet wird; wenn sie damit rechnen können, daß Übertretungen in der Regel bestraft werden; wenn sie voraussehen können, was man tun muß, um Vorteile zu erringen, Anerkennung zu finden. Man muß mit einem Wort wissen, woran man ist.[34]

Solche Sicherheit bindet auch Machtunterlegene, auch die drastisch Unterprivilegierten unter ihnen, an die bestehende Ordnung – und Ordnung zu antizipieren dürfte das stärkste Motiv sein, in eine Unterwerfung einzuwilligen. Nicht jedes Akzeptieren des Machtantritts eines anderen muß mit dem Wort »Unterwerfung« gekennzeichnet werden, aber der Extremfall schafft Deutlichkeit. Die Antizipierung von Ordnung seitens des Unterworfenen bzw. seitens des Sichunterwerfenden bedeutet nicht, daß der sich ins Unvermeidliche schickt. Er führt das, was dann später wie unvermeidlich aussieht, mit herbei (oft ist sein Handeln oder Unterlassen gerade das Entscheidende). Sein Verhältnis nähert sich im Akt der Unterwerfung der Partnerschaftlichkeit. Er läßt nicht nur gewähren, er schenkt Vertrauen.

Umgekehrt kann er Vertrauen entziehen. Der plötzliche Machtverfall von Regimen beruht auf diesem Entzug: Mit der Unterstellung, das Regime sei unfähig, die

34 Ebd., S. 223.

Ordnung weiter aufrechtzuerhalten, verschwindet die Angst vor möglicher Repression oder minimiert sich doch entscheidend. Und hier findet ein spiegelbildlicher Prozeß zum Machtgewinn durch Legitimation auf Gegenseitigkeit und dem »Ausstrahlen« dieser Binnenlegitimation auf die Machtunterlegenen statt. Die Militärjunta, die auf ihrem eigenen Gebiet, dem Krieg, versagt (zum Beispiel Griechenland, Argentinien), büßt Reputation ein und verliert daraufhin Selbstvertrauen sowie die zum Machterhalt notwendige Aggressivität. Auch hier findet ein Antizipationsprozeß statt: Es wird vermutet, daß der Machtfaktor, der im Vertrauen der Machtunterlegenen besteht, dahin sein könnte.

Der Agitator in der Menge, der eine Vorlesung sprengt, hat keine Machtmittel außer der Antizipation, daß das Vertrauen der Studenten in die Autorität des Dozenten zusammenbricht, wenn der Agitator den ersten Ordnungsruf übersteht. Die Frage der verunsicherten Dozenten, warum die Mehrheit ihrer Studenten, die über die Störung ebenso erbost ist wie sie selbst, denn den Störer nicht vor die Tür setze, ist keine soziologische Frage. Die Macht des Dozenten ist keine aus der Macht der gemeinsamen Hörsaalgruppe abgeleitete, sondern der Dozent ist Teil der Universitätsverwaltung, die für Ordnung zu sorgen hat. Mißlingt dies sinnfällig, ist das Vertrauen und damit die Macht dahin. Die Studenten laufen nicht zum Agitator über (von Ausnahmen vielleicht abgesehen, dann spielt sich dort ein Machtgewinn ab, den Hannah Arendt wie zitiert beschreibt und idealisiert), aber sie »sehen zu, wo sie bleiben«. Den Störer vor die Tür setzen zu wollen bedeutete die Anstrengung, selber eine Gruppe zu bilden, die Macht gewinnt – und würde kurioserweise selber nicht nur symbolisch (wenn auch nur für einen Augenblick) eine Entmachtung des Dozenten darstellen. In jedem Falle ist aber die Delegation der Aufgabe, für Ordnung zu sorgen, nicht attraktiv für jemanden, der vor allem eines sucht: Ordnungssicherheit.

Man verwechsle das nicht mit dem Wunsch nach einem autoritären Staat oder nach einem starken Mann, obwohl das Bedürfnis natürlich diese Form annehmen kann. Ordnung bedeutet, um noch einmal Popitz zu zitieren, Erwartungssicherheit, zu wissen, »woran man ist«. Ordnungssicherheit bedeutet, daß meine Annahme über die Beschaffenheit der Welt, in der wir leben, sich nicht zu sehr von den Annahmen derer unterscheidet, mit denen ich zusammenlebe. Das Bedürfnis nach Ordnungssicherheit wirklich hintanzustellen ist eine psychische Leistung, die nur selten vorkommt, wenn sie auch nicht ausgeschlossen ist. Der Desperado tut das, aber auch derjenige, der einen Verfolgten versteckt und sich auf ein hochriskantes Doppelleben einläßt, von dem er nicht weiß, wann es zu Ende sein wird. Beide verlassen den Bereich der Ordnungssicherheit und haben keine Hoffnung, eine neue, sichere Ordnung durch ihre Handlungen herzustellen. Anders handelt der Revolutionär, dem es um die neue Ordnung geht, die er herstellen will und in der revolutionären Gruppe bereits antizipiert. Die repressive Machtentfaltung innerhalb revolutionärer Gruppen hat mithin oft etwas mit der Radikalität ihres Veränderungswunsches nach außen zu tun: sie ist auch Kompensation.

Partizipationsmacht

Ich möchte das konsensuelle Moment, ohne das Macht sich nicht entfalten kann, selber als Ausdruck von Macht zu verstehen nahelegen. Das passende Wort dafür wäre: Partizipationsmacht.[35] Hier von Macht zu sprechen (und nicht nur von einer Bedingung für Macht und Machterhalt oder von potentieller oder latenter Macht, die sich mit dem Entzug von Vertrauen manifestiert) erscheint mir deshalb gerechtfertigt, weil diese Bezeichnung das aktive Moment sowie den darin liegenden Zuwachs an eigenem Gratifikations- und Sanktionspotential betont. »Der Ordnungswert der Ordnung«, schreibt Popitz, »wird als alltägliche Erfahrung evident, und zwar so, daß seine Bedingungen – die bestehende Machtordnung – mit in diese Erfahrung eingehen«.[36] Dies geht Hand in Hand mit der Investition von Interessen in die bestehende Ordnung, das Ausführen

> unzähliger, kleiner Handlungen [...], die das Netz der Bindungen an die bestehende Ordnung enger knüpfen. Diese Handlungen setzen keineswegs die Bejahung der bestehenden Ordnung voraus, auch keinen besonderen Opportunismus, sondern lediglich die zur Vermeidung von Heldentum unvermeidliche Konformität. Aber sie implizieren viel

---

35 Die Weberschen Typen legitimer Herrschaft kann man auch verstehen als Rationalisierungen oder Selbstplausibilisierungen des Vertrauens, das der Macht als Ordnungsfaktor entgegengebracht wird. Die Ambivalenz charismatischer Herrschaft zeigt sich auch hier: im »Führerprinzip« ist die Partizipationsmacht ebenso gesteigert wie sie, psychisch, verleugnet wird.

36 Popitz (s. Anm. 30), S. 226.

mehr als das: So wie jeder daran interessiert ist, den
Ertrag seiner Handlungen nicht zu verlieren, so
wird er auch am Bestehen der Ordnung interessiert, in die er diese Handlungen eingezahlt hat.[37]

Ein Blick auf den, der nicht an der Macht partizipiert –
im Extremfall der Vogelfreie – ist lehrreich. Wer, etwa
mangels Geld und jeglicher anderen sozialen Alimentie-
rung, sich nicht ernähren, keine öffentlichen Einrichtun-
gen benutzen kann, ist wahrhaft ohnmächtig. Er ist ebenso handlungsunfähig wie der, der vielleicht aufgrund seiner Hautfarbe einem rassistischen Mob ausgesetzt ist
und nicht auf Hilfe durch staatliche Organe hoffen kann.
Beide haben keine Möglichkeit, ihren Eintritt in die Ordnung zu erzwingen. Hätten sie diese Möglichkeit, sie wären Teile der Ordnung, die ihnen das Zukommende verweigert, wogegen im Falle eines Rechtsstaats etwa ge-
klagt bzw. mit einer Klage gedroht werden kann.
    Unserem Schema müßten wir nach diesen Überlegun-
gen also so etwas wie einen Sockel einrichten, der deutlich machen soll, daß die oben so genannten Situationen,
die der Machtüberlegene erfolgreich meistern muß, um
Macht zu gewinnen und zu erhalten, der Korrespondenz
einer Partizipationsmacht Machtunterlegener bedarf,
wobei der Ausdruck »Partizipationsmacht« Handlungen
(oder Nichthandlungen) wie unterstützen, dulden, wegsehen, Beifall spenden, uninformiert bleiben, glauben,
verehren, ohnmächtig hassen, eine Opposition bilden
(das heißt sich um die Macht bewerben) usw. einschließt.
    In welchem Sinne im Falle der Partizipationsmacht

37 Ebd., S. 224 f.

plausiblerweise von Macht gesprochen werden kann,
wird außerdem an der Binnendifferenzierung der Partizipationsmacht deutlich. Popitz spricht hier von einem
»Staffelungsprozeß«,[38] den er von den Interessen des
Machtzentrums aus als Strategie des »teile und herr-
sche!« betrachtet. Die erste Gruppe der minder Mächtigen bezeichnet er als »Klientel«, die zweite als »Neutra-
le«, die dritte als »Parias«. Um die Machtausstattung der
ersten Gruppe zu beschreiben, muß man nicht auf die
Idee einer Partizipationsmacht zurückgreifen, obwohl
das möglich wäre. Es würde reichen, von Machtdelega-
tion zu sprechen, wie Popitz das tut. Mit der Gruppe der
Neutralen, »der Zuschauer, der Nichtbetroffenen«,[39]
kommt aber die besondere Eigenart der Partizipationsmacht in den Blick. Eine Machtnahme, so Popitz, müsse
»jeweils ein ›Publikum‹ ausklammern, dem suggeriert
werden kann, daß es mit dem ganzen Vorgang der Macht-
ausdehnung, mit etwa ausbrechenden Konflikten nichts
zu tun habe«. Die Neutralen seien, so Popitz weiter,
»letztlich wohl die wichtigste, die ausschlaggebende
Hilfstruppe der Machtnahme«.[40] Nach Popitz sind sie
dies aber nur negativ, insofern sie scheinbar neutral bleiben, sich nicht als machtübernahmefähige Gruppe konstituieren, das heißt, sich mit keiner anderen Gruppe ver-
binden. Diese Passivität, sich in eine Ordnung durch
unscheinbares Leben des Alltäglichen einzufügen, muß
honoriert werden. Diese Honorierung erfolgt in der Regel dadurch, daß die Grenze zur dritten Gruppe deutlich
wird und bleibt.

38 Ebd., S. 29 ff.
39 Ebd., S. 213.
40 Ebd., S. 213.

Die Bildung einer Gruppe der Unterprivilegierten hat den speziellen Vorteil, daß sie in der Regel auf die besondere Zustimmung der Nichtbetroffenen rechnen kann, also derjenigen, die als Nicht-Unterprivilegierte an der Sonnenseite bleiben.[41]

Die Macht der »Neutralen« stammt nicht aus Delegation (es besteht kein Auftragsverhältnis, vor allem keine Erfolgskontrolle), sondern aus Gewährenlassen. Dieses Gewährenlassen kann aber unter Umständen zu Extremen führen, die sich von gezieltem Terror durch das Machtzentrum in nichts unterscheiden, etwa wenn der Mob nicht fürchten muß, für seine Taten zur Verantwortung gezogen zu werden. Über instruktive Beispiele, die nicht aus delegierter Macht, wohl aber aus Partizipationsmacht stammen, berichtet Victor Klemperer, wenn er über die antijüdischen Schikanen der ganz normalen Dresdener berichtet. Die delegierte Macht der »Erzwingungsstäbe« ist die Macht des »Du sollst!«, die Macht, die aus der Partizipation erwächst, ist die des »Du darfst!«.

Partizipationsmacht und Gewalt

In diktatorischen Regimen ist die Möglichkeit zur Denunziation das Mittel, mit dem einer sich versichern kann, daß er zu den Neutralen und nicht zu den Parias gehört. Im nationalsozialistischen Deutschland war Objekt der Denunziation vor allem der Angehörige definierter Gruppen, insbesondere Juden. Es gab keine Prämien dafür, wenn man einen anzeigte, der vielleicht jüdi-

---

41 Ebd., S. 213 f.

sche Großeltern gehabt hatte – in einem materiellen Sinne »nützte es nichts«, man wurde dazu auch nicht angehalten. Aber die Macht, die der einzelne so über seinen Nachbarn gewann – und wenn es auch nur die Macht war, dessen Leben zu zerstören –, war ungeheuer.

Auch der politisch Andersdenkende war mögliches Objekt der Denunziation, aber dennoch gab es Grenzen. Das Bild des Volksfeinds war das des Schädlings, des Außenstehenden, und den etablierten Insider, etwa einen Parteibonzen, durch Denunziation zu ruinieren, war von unten nur sehr schwer möglich. Anders verhielt es sich in der stalinistischen Sowjetunion. Dort war – die Denunziation folgte hier einer Tradition der europäischen politischen Linken – der Feind der Verräter. Es gab keine Gruppe, in der er unmöglich war. Bis in das Zentrum der Macht reichte der Verdacht. Das große Rätsel der Durchdringung der gesamten Gesellschaft durch den Verdacht ist, wie er überhaupt mit der Vorstellung von Ordnung, vor allem Ordnungssicherheit vereinbar ist. Die Ubiquität des Verdachts widerspricht aufs eklatanteste dem Grundbedürfnis der Berechenbarkeit, »zu wissen, woran man ist«. Aber das ist wohl zu sehr aus der Perspektive einer *anderen* Ordnung geurteilt. Wenn der Verdacht ubiquitär ist, reicht, so lehrt hier die Geschichte, augenscheinlich, zu wissen, *daß* er ubiquitär ist.[42] Im Machtzentrum und überall dort, wo klare Hierarchien und Delegationsverhältnisse vorherrschten, waren die Mittel, an der Macht und am Leben zu bleiben, die klassischen: Ko-

---

42 Das soll nicht heißen, daß dieses Wissen ubiquitär war. Viele »fielen aus allen Wolken«, konnten es nicht glauben, wenn sie sich in der Zelle wiederfanden, und schrieben Brief um Brief an den Genossen Stalin.

alitionsbildung und Intrige. Bei den Machtunterlegenen
gab es eine permanente Konkurrenz um den Status des
»Neutralen«, da jeder durch Denunziation zum Paria
werden konnte. Ein skurril-makabres Beispiel berichtet
Solschenizyn. Nach einer Rede Stalins kommt es darum
zu »nicht enden wollendem Beifall«, weil allen auf einmal
klar wird, daß der erste, der aufhört zu klatschen, dabei
sein Leben riskieren wird.[43] Diese Anekdote zeigt das gemeinsame Risiko; in anderen Fällen kann der einzelne
dieses Risiko bestehen, indem er aktiv wird und den anderen denunziert, bevor der ihn denunziert. Hier wird
die Partizipationsmacht zum permanenten Machtkampf.
Auch hier wird nicht delegiert, sondern geduldet.

Gewalt – lizenzierte, nicht delegierte Gewalt – tritt
also an einer weiteren, unerwarteten Stelle auf. Sie kann –
muß nicht – Teil der Partizipationsmacht sein und spielt
ihre Rolle in der Abgrenzung der »Neutralen« gegenüber
den »Parias«. Wo diese Gewaltform auftritt, trägt sie, wie
die historische Erfahrung lehrt, zur Stabilität des gesamten Machtgefüges entscheidend bei. Die Antwort auf die
Frage, wie es denn habe kommen können, daß so viele im
Machtbereich des Gulag-Sozialismus, um die Irrationalität der Suche nach Verrätern wissend, sich an ihr beteiligt
haben, ist leider schrecklich simpel: ebendarum. Es ist ein
Machtkampf gewesen, ein Kampf um dieses Mehr an
Partizipation: Verräter, nicht Verratener zu sein.

Wo solche Gewaltlizenz vergeben wird, geschieht es
nie, ohne daß sie in enger Beziehung steht zu den Institutionen der Macht, die einen Gewaltauftrag haben. Wäre

---

43 Das Problem wird über einen Märtyrer gelöst. Der Ranghöchste hört
   als erster auf. Am nächsten Tag ist er verschwunden. Vgl. Alexander
   Solschenizyn, *Der Archipel Gulag*, Bern 1974, S. 77 f.

es anders, die Lizenz zur mitbürgerlichen Gewalt wäre entweder bedeutungslos oder sie wäre die Aufforderung zur Anarchie. Das heißt, die aus der Partizipationsmacht hervorgehende Gewalt der Machtunterlegenen besteht darin, eine Aktivität auf der Sanktionsseite der Macht-überlegenheit auszulösen. Hier sind vielfältige Formen denkbar und historisch bekannt – von der rechtsstaatlichen Form der Anzeige, deren Berechtigung seitens der Gerichte überprüft werden muß, bis hin zur Grenzver-wischung von Macht und Ohnmacht in der Figur des »Inoffiziellen Mitarbeiters« und das durch seinen Typus mögliche Hineinwachsen einer Gewaltinstitution in die Gesellschaft.

Letztere verwischt auch darum die Grenzen zwischen Partizipations- und Sanktionsmacht, weil nicht mehr ganz deutlich ist, wann der Denunziant noch darf und wann er schon muß. In welcher Form hier die Gewaltko-operation von »oben« und »unten« (zwischen denen, die müssen, und denen die dürfen) funktioniert, hängt von der Verfaßtheit der Institution ab, die auf der Sanktions-seite der Macht für die Möglichkeiten der Schädigung zuständig ist; aber deren Verfaßtheit ist nicht nur in die-ser Hinsicht von Bedeutung. En passant war oben er-wähnt worden, daß die Gewalt auch dem Schutze der Machtbeziehungen insgesamt dient und daß diese Funk-tion stets organisatorisch und meist institutionell[44] ge-bunden ist.

---

44 Bestimmte Regime leisten sich verschiedene Gewaltorganisationen (Polizei, Militär, Militärpolizei, Todesschwadronen), von denen eine oder einige nicht den Status einer Institution haben (Todesschwadro-nen), wiewohl sie natürlich Organisationen sind.

Institutionen der Gewalt

Daß unternehmerische Macht staatliche in vielerlei Hinsicht überflügeln kann, darf zum Beispiel nicht darüber hinwegtäuschen, daß sie nach der Sanktionsseite hin beschnitten ist. Sie endet bei der Möglichkeit, Gratifikationen zu entziehen (zu entlassen). Etwaige Auflehnung gegen das Machtgefüge eines Unternehmens, beispielsweise eine Betriebsbesetzung, kann von seiten des Unternehmens nicht selbsttätig gewaltförmig beendet werden, das heißt, man muß die Polizei rufen.[45] Staatliche Monopolisierung der Macht und funktionale Differenzierung der Gesellschaft wirken hier zusammen: Das Gefüge der Institutionen der Sanktionsseite der Macht differenziert sich, und nur unter genau definierten Bedingungen kommt es zum Einsatz. Allerdings geschieht dies potentiell »quer durch« die Gesellschaft. Weil das Gefüge dazu da ist, die Machtverhältnisse insgesamt zu schützen, ist sein Bereich nicht beschränkt auf einen Teil der Gesellschaft.[46] Gerade ihre organisatorische Beschränkung mit einem (potentiell) unbeschränkten Aktionsfeld macht die Stabilisatoren »der Verhältnisse« zu einem erstrangigen Potential, diese auf den Kopf zu stellen. Gegen ein putschbereites Militär kann eben in modernen Gesellschaften keine Bürgerwehr mehr aufgeboten werden.

Ein weiteres Problem liegt darin, daß den Institutionen der Gewalt keine die Sanktionsseite der Macht repräsen-

---

45 Als wie prekär dies empfunden wird, kann man aus den Debatten über die Grenzen der Kompetenz des Werkschutzes ersehen.
46 Dort, wo die Monopolisierung der Gewalt noch nicht vollzogen ist, war das anders. Im Mittelalter konnten bestimmte Personengruppen von bestimmten Gewaltinstitutionen nicht berührt werden.

tierenden Institutionen gegenüberstehen. Sie sind das selber – was funktioniert, solange alle Beteiligten die
Machtbeziehungen für legitim halten. Dann vollstrecken
auch Polizisten Haftbefehle gegen Kollegen. Aber bekanntlich ist der Vertuschungsgrad in solchen Institutionen der Sanktionsmacht hoch. Untersuchungsausschüsse
werden behindert, Kollegen gedeckt usw. Man könnte
sagen, daß die Institutionen, die die Sanktionsseite der
Macht repräsentieren und einen dementsprechenden
Auftrag haben, in bestimmten Fällen Gewalt auszuüben,
wie alle anderen Institutionen auch Objekte der Machtausübung sind. Sie sind aber solche, denen gegenüber die
Sanktionsseite äußerst schwach ist. Institutionen potentieller Gewalt repräsentieren für sich selber die Sanktionsseite der Macht – und das tun sie eben nur so lange,
solange sie es wollen. Diese nicht von der Hand zu wei-
sende Kuriosität ist von nicht zu unterschätzender Bedeutung für die Analyse komplexer Machtstrukturen:
Das Verhältnis zu den Institutionen der Gewalt ist ausschließlich ein Vertrauensverhältnis.

Macht ist nicht »letztlich« Gewalt. Schon aus diesem
einen Grunde ist sie das nicht: Die Loyalität derjenigen,
die durch Gewalt und Gewaltdrohung das Machtgefüge
sichern, kann durch Gewalt nicht erzwungen werden.
Daraus aber folgt, daß das *Gesicht der Macht* entscheidend davon abhängt, wie es in den und um die Institutionen potentieller Gewalt beschaffen ist. Mehr ist wahrscheinlich über das Verhältnis von Macht und Gewalt
nicht zu sagen. Diese sehr abstrakten Gedanken sollten
dafür werben, nicht zuviel Zeit auf dieser Abstraktions-
ebene zu verbringen, sondern überzugehen zu konkreten
Analysen der Außenbeziehungen und des Innenlebens

der Institutionen der Gewalt. Auf diesem Wege – der Untersuchung der Interaktionen zwischen Sanktions- und Partizipationsmacht – ließe sich vielleicht auch Neues, jedenfalls Differenzierteres zur Unterscheidung staatsterroristischer und totalitärer Regime (und zu Unterschieden wie Gemeinsamkeiten der Totalitarismen) sagen.

Mit Kratos und Bia treten in Aischylos' Tragödie *Prometheus* zwei Schauspieler auf, nicht ein Schauspieler, der beide Namen trägt. Kratos spricht, Bia ist eine stumme Rolle. Kratos ist nicht der Dolmetsch von Bia. Bia ist auch nicht das wahre Gesicht von Kratos. Aber wir verstehen nur, was Kratos spricht, wenn wir wissen, worüber Bia schweigt.

Das Recht des Opfers auf die Bestrafung des Täters – als Problem

Das Recht des Opfers auf die Bestrafung des Täters – als Problem

Gibt es so etwas überhaupt? Und wenn ich das frage, meine ich: Wo wäre es niedergelegt? Woraus folgte es? Wie könnte man es begründen? Oder: Sollte es so etwas geben? – Auf die letztere Frage werden wir intuitiv mit Ja antworten. Wenn wir aber darüber nachdenken, worauf unsere Intuition dabei gegründet ist, kommen wir nicht bei etwas an, das wir »Rechtsgefühl« nennen würden, sondern bei einer Art »Gerechtigkeitsempfinden«.

Man sollte aber Recht und Gerechtigkeit, nicht nur generell, sondern bereits als bloßes Empfinden nicht miteinander verwechseln.[1] Das Gerechtigkeitsempfinden sagt uns, daß das Opfer eines Verbrechens irgend etwas wie einen Ausgleich, eine Art Genugtuung, vielleicht etwas wie »Wie-du-mir-so-ich(man)-dir« bekommen müsse, und dieses Gefühl wird um so stärker, je mehr wir uns mit dem Opfer identifizieren.[2] Dieses Gerechtigkeitsgefühl, das sich von einer in irgendeiner Weise reziproken Zufügung von Leid nicht lösen kann, sondern mehr oder weniger damit identisch ist, unterscheidet sich vom Rechtsgefühl darin, daß dieses ohne Identifikation mit

1 Ein Paradebeispiel für eine solche Verwechslung war die Klage Bärbel Bohleys, die DDR-Dissidenten hätten Gerechtigkeit verlangt und den Rechtsstaat erhalten. Der Rechtsstaat bedeutet Verfahrenssicherheit für alle, nicht die Befriedigung von Billigkeitserwägungen einzelner Gruppen.
2 Auch dann, wenn wir Anhänger einer Moral des Verzeihens sind: Um von einer Vergeltung absehen zu können, muß vorausgesetzt sein, daß sie gerecht ist.

dem Opfer auskommt. Es mag in beiden Fällen eine Empörung vorliegen, aber sie ist von anderer Art. Beschäftigt jenes sich mit der Verletzung, die einem Menschen geschieht, so dieses mit der Verletzung dessen, was rechtens sein sollte. Jenes wird durch die emotionelle Nähe zum Opfer in einem zeitweiligen Akt der Identifikation stimuliert, dieses dadurch, daß ich mich durch das Verbrechen mit-verletzt fühle, verletzt als Angehöriger einer Art Gemeinschaft, gegen deren Bräuche der Verbrecher verstoßen hat. Dieses kann man etwa so verbalisieren: »Das darf nicht sein, das darf man ihm nicht durchgehen lassen«, jenes so: »Das muß er büßen«. – So sehr der Unterschied von Gerechtigkeits- und Rechtsgefühl sich verwischen mag, wenn beide Gefühle in der Phantasie einer identischen Maßnahme aufgehen, so sehr ist ihr Unterschied merkbar, wenn sie miteinander in Widerspruch geraten, etwa dann, wenn sich das Rechtsgefühl gegen eine Tat empört, aber das Gefühl, dem durch die Tat Verletzten sei andererseits recht geschehen, nicht abschütteln kann.

Das Gerechtigkeitsgefühl will Strafe, gleichgültig ob diese rechtmäßig ist, das Rechtsgefühl will Strafe, damit Recht geschehe – anders gesagt: das Gerechtigkeitsgefühl will Vergeltung wegen verursachten Leides, nicht Strafe wegen begangenen Unrechts, es will also Rache, nicht Strafe, und die Titelformulierung vom »Recht des Opfers auf Strafe« erweist sich als vertrackter, als sie auf den ersten Blick schien. Es gibt den Wunsch des Opfers nach Vergeltung (Rache), und es gibt das Recht, dem gemäß ein Verbrechen Strafe nach sich ziehen muß: Haben beide Angelegenheiten überhaupt etwas miteinander zu tun?

Unsere Rechts- und Gerechtigkeitsgefühle, auf die ich zurückgegriffen habe, weil ich meine, daß sie den meisten vertrauter sind als die kanonischen rechtstheoretischen Ansichten, wachsen natürlich auf demselben historischen Grund wie diese. Es ist nützlich, diesen aufzusuchen. Wir werden es dabei vor allem mit den Philosophen Immanuel Kant und Georg Friedrich Hegel zu tun bekommen, und es ist vor allem Hegel, der sich dem Problem des Auseinandertretens von Gerechtigkeit und Recht widmet und das Problem auf eine Weise löst, die, wenigstens für eine historische Weile, klassisch und verbindlich geworden ist. So heißt es in der *Enzyklopädie der philosophischen Wissenschaften* vom Verbrechen, dieses sei

als Verletzung des Rechts an und für sich nichtig. Als Wille und Denkendes stellt in ihr der Handelnde ein aber formelles und nur von ihm anerkanntes Gesetz auf, ein Allgemeines, das *für ihn* gilt und unter welches er durch seine Handlung zugleich sich selbst subsumiert hat. Die dargestellte Nichtigkeit dieser Handlung, die Ausführung in *einem* dieses formellen Gesetzes und des Rechts-an-sich, zunächst durch einen *subjektiven* einzelnen Willen, ist die Rache, welche, weil sie von dem Interesse *unmittelbarer, partikulärer* Persönlichkeit ausgeht, zugleich eine neue Verletzung, ins *Unendliche fort*, ist. Dieser Progreß hebt sich [...] in einem dritten Urteil, das ohne Interesse ist, *der Strafe*, auf.[3]

3 Georg Friedrich Wilhelm Hegel, *Werke (Theorie-Werkausgabe)*, Bd. 10: *Enzyklopädie der philosophischen Wissenschaften im Grundrisse*, Frankfurt a. M. 1970. S. 310, § 500.

Das Verbrechen des Verbrechers besteht also nicht darin, daß er seinem Opfer Leid zugefügt hat (das könnte schließlich auch rechtens geschehen sein), auch nicht darin, daß er ihm, in irgendeinem nicht auf das gesetzte Recht bezogenen Sinne unrecht getan hat, sondern darin, daß er gegen die Allgemeinheit des Rechts, der geltenden Gesetze, sein eigenes Handeln gestellt hat. Als bloß subjektiver, vielleicht launenhafter, Verstoß ist das Verbrechen nichtig, d. h., es verharrt in seiner Vereinzelung, ist mit dem Allgemeinen nicht vermittelt. Eine Sanktion gegen diesen Verstoß wäre – im Hegelschen System – nicht gut denkbar. Wäre das Verbrechen die (versuchsweise) Setzung einer anderen, alternativen Allgemeinheit gegen die bestehende,[4] wäre das Verbrechen Teil des geschichtlichen Prozesses und als individualisierbarer Verstoß gar nicht mehr zu fassen. Aber das Verbrechen ist nach Hegel auch ein Gesetz, das einer nur für den individuellen Einzelfall aufstellt (»ein Allgemeines, das nur für ihn gilt«), ein Paradox also: Es ist nicht mit dem Allgemeinen vermittelbar, aber auch nicht in schlichter Vereinzelung nichtig, wie es der Schaden wäre, den ein unmündiges Kind oder ein Zurechnungsunfähiger anrichtet. Es ist diese Paradoxie eines individuellen Gesetzes, die aufgehoben werden muß, und das geschieht dadurch, daß man den Verbrecher beim Wort nimmt: Hast du in einem Akt subjektiver Gesetzgebung deinen Akt des Tötens für rechtens erklärt, folgen wir dir in diesem Falle – wir erkennen dich als Gesetzgeber in eigener Sache an und töten dich. – Wenn nun aber diese zweite Tötung von ei-

---

4 Etwa so Marx in seinem Aufsatz zum Holzdiebstahlsgesetz (vgl. K. M., *Debatten über das Holzdiebstahlsgesetz*, in: K. M. / Friedrich Engels, *Werke*, Bd. 1, Berlin 1974, S. 109–147).

nem durch die Tat Betroffenen, einem Verwandten des Ermordeten etwa, vollzogen wird, findet das nämliche statt: Wieder nimmt ein Einzelner sich heraus, subjektives Recht zu setzen, und das ist ein Verbrechen, egal, was ihn dazu motiviert hat. Ja, daß ihn überhaupt etwas *motiviert* hat, macht die Widervergeltung zum erneuten Verbrechen, nicht, daß Gleiches mit Gleichem vergolten wird. Erst die interesselose Strafe, verhängt von einem unparteiischen Richter, ist Recht, nicht erneutes Unrecht.

In den *Vorlesungen über die Ästhetik* findet sich die folgende Formulierung:

> Die gesetzliche Strafe macht das allgemeine festgesetzte Recht gegen das Verbrechen geltend und übt sich durch ihre Organe der öffentlichen Gewalt, durch Gericht und Richter, welche als Person das Akzidentielle sind, nach allgemeinen Normen aus. Die Rache kann gleichfalls aus sich selbst gerecht sein, aber sie beruht auf der *Subjektivität* derer, welche sich der geschehenen Tat annehmen und aus dem Recht ihrer eigenen Brust und Gesinnung heraus das Unrecht an dem Schuldigen rächen. Die Rache des Orest z. B. ist gerecht gewesen, aber er hat sie nur nach dem Gesetz seiner persönlichen Tugend, nicht aber nach Urteil und Recht ausgeführt.[5]

Wir sind uns alle darin einig, daß Rache und Recht unterschieden sein müssen, und zwar so sehr, daß wir bei

---

5 Georg Friedrich Wilhelm Hegel, *Werke (Theorie-Werkausgabe)*, Bd. 13: *Vorlesungen über die Ästhetik*, Frankfurt a. M. 1970, S. 242.

der Lektüre der Sätze Hegels eine Anmutung von Tauto-
logie empfinden, auch dann, wenn uns einige seiner For-
mulierungen ein wenig überspitzt bzw. auf das Konto
seiner philosophischen Buchhaltung zu gehen scheinen.
Innerhalb unseres Rechtsdenkens ist also, trotz unserer
intuitiven Bejahung der Titelfrage, das »Recht des Opfers
auf die Bestrafung des Täters« im Grunde ein hölzernes
Eisen – oder bloß eine ebenso emphatische wie irrefüh-
rende Formulierung für die Einsicht, daß eine rechtswid-
rige oder eine aus Gründen gescheiterter Ermittlung
nicht zustande gekommene Nicht-Bestrafung des Täters
das Opfer besonders schmerzt. Unser Rechts- und unser
Gerechtigkeitsdenken und -empfinden kommen also zu
unterschiedlichen Ergebnissen, und dies ist interessan-
terweise auch ein Problem der Rechtstheorie. Sie kann
sich nämlich von dem Gerechtigkeitsempfinden nicht
gänzlich abkoppeln und nur dem Rechtsdenken und
-empfinden geben, was ihm zukommt. Rechtstheorie hat
sich, trotz ihrer den Laien zuweilen befremdenden Ab-
straktheit, nie wirklich weit von der herrschenden Praxis
entfernt, sie immer wieder nur systematisierend normativ zurechtgerückt. Daß eine Rechtstheorie nicht zu
Empfehlungen für eine gar nicht mehr praktikable Praxis
kommen sollte, dürfte unbestrittener Konsens aller modernen Rechtstheorie sein. Gleichwohl steckt hier ein
Problem, das sich mit dem Verweis auf eine mehr oder
weniger gut gelingende Praxis nicht aus der Welt räumen
läßt: Das Rechtsdenken kennt das Opfer so gut wie nicht,
das Gerechtigkeitsempfinden lebt von der emotionellen
Nähe mit dem Opfer.

Wenn also z. B. die Broschüre *Neue Wege in der Hilfe*

für Gewaltopfer [6] Folgendes ausführt, so mogelt sie sich am entscheidenden Problem vorbei, auch wenn dies für die Praxis oft ein bloßes Hintergrundproblem zu sein scheint:

> Bei der staatlichen Reaktion auf Straftaten [steht] nicht das Restitutionsinteresse des Opfers im Vordergrund, sondern das Interesse der Rechtsgemeinschaft an Ermittlung und Feststellung des Sachverhalts, Bestrafung und Behandlung des Straftäters und Vollstreckung dieser staatlichen Reaktionen. Das Opfer nimmt hier die Rolle des Zeugen ein, die zwar seinem persönlichen Interesse an Aufklärung der Tat und Bestrafung des Täters entspricht, jedoch nicht unbedingt dem Interesse an Erholung und produktiver psychischer Verarbeitung des Geschehens. Daß die Kollision der Interessen zu einer schweren Belastung für das Opfer führen kann […], ist in der Opferforschung seit langem bekannt.

Das ist zwar gut, richtig und wichtig, aber hinter den genannten empirischen Problemen verschwindet das strukturelle.[7] Daß davon eine Ahnung erhalten geblieben

6 *Neue Wege in der Hilfe für Gewaltopfer, Ergebnisse und Verfahrensvorschläge aus dem Kölner Opferhilfemodell (KOM)*, hrsg. vom Ministerium für Arbeit, Gesundheit und Soziales des Landes Nordrhein-Westfalen, Köln 1998.
7 Der in dieser Broschüre an anderem Ort unternommene philosophische Versuch, die Verpflichtung des Staates zur Verfolgung des Täters und dem Restitutionsinteresse des Opfers zu dienen, aus dem Versagen des Staates, seinen ihm aus der Tatsache seines Gewaltmonopols zu-

ist, zeigt die zu groß geratene Formulierung von der »Interessenkollision«, die ja im Bedürfnis des Verbrechensopfers nach Erholung und dem staatlichen Auftrag zu ermitteln per se keineswegs gegeben ist. Die Rede kann allenfalls von temporär unterschiedlichen Prioritätssetzungen sein, die durch ebenso bewußten wie behutsamen Umgang mit aus solcher unterschiedlichen Prioritätssetzung sich ergebenden Problemen vom Kollidieren durchaus abgehalten werden können.

Das Problem läßt sich nicht dadurch fassen, daß man feststellt, in der staatlichen Reaktion auf ein Verbrechen stehe nicht das »Restitutionsinteresse des Opfers« im Vordergrund, sondern es besteht in dem Umstand, daß die Restitution des Rechts mit dem Wunsch des Opfers nach Vergeltung nichts zu tun hat, weshalb das Opfer eines Verbrechens im Prozeß der Ermittlung und Rechtsfindung nur die Rolle des Zeugen – und nicht einmal die des Zeugen in eigener Sache – spielen kann. Die notwendig unparteiische Rolle der staatlichen Institutionen zwingt das Opfer in eine Rolle, die ihm zutiefst zuwider sein muß – auch dann, wenn »am Ende« in der Bestrafung das herauskommt, was das Opfer subjektiv als Vergeltung *phantasieren* kann.

»Das Strafrecht«, schreibt Winfried Hassemer in seiner *Einführung in die Grundlagen des Strafrechts,*

wachsenden Pflichten erfolgreich nachgekommen zu sein, abzuleiten, ist absurd. Eine staatliche Verpflichtung anzunehmen, den Bürger so vor Verbrechen zu schützen, daß jedes trotz dieses Schutzes begangene Verbrechen als ein schuldhaftes Versagen des Staates anzusehen wäre, wäre monströs, da sie, um so realistisch zu sein, daß aus ihr überhaupt etwas folgen kann, dem Staat jene Mittel anzuwenden gestatten muß, die nötig wären, um ein entsprechendes Sicherheitsversprechen überhaupt glaubhaft abgeben zu können. Wer Honig will, will Bienen.

entfernt das Opfer aus seiner polaren Stellung gegenüber dem Täter und nimmt diese Stellung selber
ein [...]. Im Strafrecht ist das Opfer neutralisiert.
Es muß, als Zeuge, an der Aufklärung der Tat mit-
wirken, und es hat rudimentäre Rechte auf Mitge-
staltung von Verfahren, nicht mehr. [...] Staatliches
Strafrecht entsteht mit der Neutralisierung des Opfers.[8]

Hassemer formuliert die klassische, oben am Beispiel
Hegels vorgeführte rechtstheoretische Position mit der
nötigen Deutlichkeit. Man könnte, wollte man den Sach-
verhalt à la Foucault formulieren, sagen, daß die Macht
des Strafrechts auf der Entmachtung des Opfers beruht.
Die sogenannten »absoluten Straftheorien«, zu denen
die Kants oder Hegels gehören, machen dies auf besondere Weise deutlich. Absolute Straftheorien sind solche,
die den Strafzweck als eine Art Selbstzweck ansehen: Bestraft wird nicht, um irgend etwas zu erreichen, sondern
einzig, damit Recht geschehe, damit die vorherige Verletzung des Rechts aufgehoben werde. Die berühmte Formulierung von Kant in der *Metaphysik der Sitten* lautet:

Richterliche Strafe [...] kann niemals bloß als Mittel, ein anderes Gute zu befördern, für den Verbrecher selbst, oder für die bürgerliche Gesellschaft
gebraucht werden, sondern muß jederzeit wider
ihn verhängt werden, weil er verbrochen hat; denn
der Mensch kann nie bloß als Mittel zu den Ab-

---

8 Winfried Hassemer, *Einführung in die Grundlagen des Strafrechts*,
München 1990, S. 69 f.

sichten eines anderen gebraucht und unter die Ge-
genstände des Sachenrechts gemengt werden, wo-
wider ihn seine angeborne Persönlichkeit schützt,
ob er gleich die bürgerliche einzubüßen gar wohl
verurteilt werden kann. Er muß vorher *strafbar* befunden sein, ehe noch daran gedacht wird, aus dieser Strafe einen Nutzen für ihn selbst oder seine
Mitbürger zu ziehen. Das Strafgesetz ist ein kategorischer Imperativ, und, wehe dem! welcher
die Schlangenwindungen der Glückseligkeitslehren
durchkriecht, um etwas aufzufinden, was durch
den Vorteil, den es verspricht, ihn von der Strafe,
oder auch nur einem Grade derselben entbinde,
nach dem pharisäischen Wahlspruch: »es ist besser,
daß *ein* Mensch sterbe, als daß das ganze Volk ver-
derbe«; denn wenn die Gerechtigkeit untergeht, so
hat es keinen Wert mehr, daß Menschen auf Erden
leben.[9]

Es folgt das berüchtigte Beispiel von der Insel: Selbst
wenn eine Gesellschaft von Menschen, die bisher eine Insel bewohnt haben, beschließt, diese zu verlassen und
sich in alle Winde zu zerstreuen, so seien zuvor alle Verbrecher an die Galgen zu hängen.[10] Denn die menschliche

9 Immanuel Kant, *Die Metaphysik der Sitten*, in: I. K., *Gesammelte
    Schriften*, hrsg. von der Königlich Preußischen Akademie der Wissen-
    schaften, Bd. 6, Berlin 1907, S. 381 f.
10 Man vergleiche mit diesem Gedankenspiel eines deutschen Philoso-
    phen die Praxis des französischen Strafvollzuges im Jahre 1832 unter
    Louis Philippe – als Paris von einer Cholera-Epidemie heimgesucht
    wurde, setzte man die Häftlinge des Gefängnisses Sainte-Pélagie auf
    freien Fuß. (Vgl. Simon Singh, *Fermats letzter Satz. Die abenteuerli-
    che Geschichte eines mathematischen Rätsels*, München 1998, S. 255.)

Gesellschaft ist ein kontingentes Faktum und das Recht eine Vernunftwahrheit.

Kant liebte es, seine Gedanken in solchen überspitzten Beispielen sinnfällig zu machen – manchmal könnte man meinen, daß er das nur tat, um den Leser zu warnen, ihn darauf aufmerksam zu machen, wohin er seinem Lehrer zu folgen habe, wenn er ihm denn tatsächlich folgen wollte. Wie dem auch sei – solche Auffassungen haben für uns etwas Outriertes, aber wir finden in ihrer intellektuellen Aufgeregtheit ein emotionelles Moment wieder, das wir auch in dem Statement des Ehemanns der von Karla M. Tucker mit der Spitzhacke ermordeten Frau wiederfinden, und man sieht, wie sich der durch nichts anderes – auch nicht durch die zwölf Jahre, die Tat und Vollstreckung der Strafe trennten, auch nicht durch die wahrscheinliche Persönlichkeitsveränderung, die Tucker in der Haft erlebte – zu beschwichtigende Rachewunsch und die intellektuelle Absolutsetzung der Strafe als unaufhebbarer Staatspflicht annähern können: Tucker habe seine Frau zum Tode verurteilt und das Urteil vollstreckt, und also müsse das Todesurteil gegen sie ebenso vollstreckt werden. Der Mann der Ermordeten will Rache und redet wie Hegel, der in dieser Rhetorik gerade den Unterschied von Strafe und Rache fundieren will.

Hassemer nennt die absoluten Straftheorien die opfernächsten, denn sie seien dem Gedanken der Vergeltung verpflichtet: »Ein vergeltungsorientiertes Strafrecht blickt in die Vergangenheit […], ein präventivorientiertes Strafrecht kann das Opfer eigentlich gar nicht mehr sehen.«[11] Ein vergeltungsorientiertes Strafrecht blickt auf

11 Hassemer (s. Anm. 8), S. 72.

das, was geschehen ist, auf die Tat, und im Tatgeschehen
ist die Präsenz des Opfers gegeben, ein präventivorientiertes blickt auf das, was durch die Strafe bewirkt werden soll, es interessiert sich nicht für die geschehene Tat,
sondern für die mögliche Tat, die verhindert werden soll,
und für diese Überlegungen spielt das Opfer des gesche-
henen Verbrechens keine Rolle.

Überlegungen zu einem präventivorientierten Strafrecht sind übrigens keineswegs die per se moderneren,
wenn sie auch Zeitströmungen zugehören, die weniger
durch religiöses und philosophisches Pathos, als vielmehr durch politisch orientiertes Denken charakterisiert
sind[12] – insofern ist es nicht verwunderlich, daß uns ihr
erstes Zeugnis aus der griechischen Sophistik überliefert
ist:

So strafen die Menschen nicht wegen des Vergan-
genen [...], sondern wegen des Künftigen: daß weder der Verbrecher noch ein anderer, durch sein
Beispiel verführt, wieder fehle.[13]

Heute sprechen wir von Spezial- und Generalprävention.

12 Allerdings spielte der Gedanke der Generalprävention im nationalsozialistischen Strafrecht, das zunächst dem Vergeltungsgedanken an-
   hing, eine zunehmend größere Rolle (vgl. Hassemer, ebd., S. 283) –
   das »allerdings« bezieht sich auf die mögliche Charakterisierung des
   Nationalsozialismus als eines Versuchs, Politik abzuschaffen (vgl. Jan
   Philipp Reemtsma, »Das Implantat der Angst«, in: *Modernität und
   Barbarei*, hrsg. von Hans Georg Soeffner und Max Miller, Frankfurt
   a. M. 1996).
13 Protagoras, zit. nach Hegel, *Werke (Theorie-Werkausgabe)*, Bd. 18:
   Vorlesung über die Geschichte der Philosophie, Frankfurt a. M. 1970,
   S. 418.

Die Veränderung der Strafpraxis hat wesentlich dazu geführt, daß die absoluten Straftheorien an Überzeugungskraft verloren haben. Das gilt vor allem für die Abkehr vom Prinzip der Talion, der möglichst großen Annäherung der strafenden Sanktion an die zu bestrafende Tat. Je weniger es die Strafpraxis bestimmte, desto weniger »natürlich« oder »evident« erschien es – das gilt natürlich insbesondere für Weltgegenden, in denen die Todesstrafe abgeschafft ist.[14] Von unserem historischen Ort aus[15] zeigen die absoluten Straftheorien darüber hinaus ihre magische Herkunft – denn anders als im Vergeltungswunsch des Opfers, der gar nicht auf das Allgemeine zielt, sondern auf persönliche Befriedigung, wollen die absoluten Straftheorien die Wiederherstellung einer verletzten Abstraktion. Das abstrakte Recht, das durch das Talionsprinzip restituiert werden muß, ist nur die schein-säkularisierte Version der göttlichen Ordnung, die der Richter wiederherzustellen hat. Absoluten Straftheorien zu folgen, wird den meisten von uns – es sei denn, ihnen geriete Gerechtigkeits- und Rechtsgefühl durcheinander – vorkommen, wie einem Götzen zu opfern oder die Erinnyen mit Blut zu beschwichtigen.

Wir gehen mit Protagoras davon aus, daß Strafe, um gerechtfertigt zu sein, einen sozialen Sinn haben muß – wir gehen also, bzw. durchkriechen bewußt die Schlangenwindungen der Glückseligkeitslehren, um die For-

---

14 Vermutlich wird auch einem Kantianer heute Kants Argumentation gegen Beccaria ziemlich erkünstelt oder weltfremd erscheinen, um ein Geringes zu sagen.

15 Vgl. Hassemers Ausführungen zur Frage, ob man sich für Straftheorien entscheiden könne, oder ob man sich nicht vielmehr zu ihnen hin ändere (Hassemer, s. Anm. 8, S. 284 f.).

mulierung Kants aufzugreifen. Wir sehen also Strafe als
ein Mittel an, das zu einem bestimmten Zweck angewen-
det wird, und damit wird Sinn und Zweck der Strafe allgemein wie auch in ihrer jeweiligen besonderen Gestalt
in ganz anderer Weise diskutierbar. Es können nämlich
auf einmal empirische Argumente eine Rolle spielen –
und müssen dies auch (wenn diese auch oft in Form von
Plausibilitätsannahmen auftreten werden).[16]

Die beiden klassischen Strafzwecke sind die Spezial-
und die (negative) Generalprävention – hinzu kommt bei
einigen modernen Autoren die positive Generalprävention, mit der diese die Schwierigkeiten, die man mit den
beiden ersten hat, zu beheben hoffen. Spezial- und (negative) Generalprävention – also: Besserung und Abschreckung. Die Spezialprävention zielt darauf ab, zu
verhindern, daß der Täter erneut straffällig wird, die
Strafe – bzw. die Umstände, unter denen er die Strafe
verbringt – sollen ihn, wie der moderne Ausdruck lautet:
resozialisieren, d. h. in die Lage versetzen, sich wieder in
die Gesellschaft einzugliedern und ihre Verfahrensregeln
zu beachten. Strafe als (negative) Generalprävention hat
den Sinn, andere davon abzuhalten, dieselbe Straftat zu
begehen.

Gegen beide Strafziele ist von seiten der absoluten
Straftheorie der Einwand erhoben worden, sie verstießen

16 Dies geschieht etwa beim Strafziel der Abschreckung selbst, mit dem
   wir fast nur dann in empirischen Kontakt kommen, wenn es versagt
   hat, dem wir aber alle – siehe unten – eine eminente intuitive Plausibilität einräumen. – Andererseits haben die Argumente, die besagen,
   daß es bei Strafen so etwas wie eine Grenznutzenüberschreitung gibt
   (d. h. daß höhere Strafen ab einem bestimmten Punkt kein Mehr an
   Abschreckung bieten), eine gute empirische Basis.

gegen die Menschenwürde. Das Argument findet sich in der oben zitierten Passage aus Kants *Metaphysik der Sitten*: Der Mensch dürfe niemals als bloßes Mittel zu einem Zweck gebraucht werden, sondern sei immer auch Zweck an sich selbst. Gegen die Theorie der (negativen) Generalprävention gewendet, ist das Argument mehr pathetisch als triftig, obwohl es auch heute noch viele Anhänger hat. Wir gebrauchen immer Menschen als Mittel zum Zweck und in bestimmter Hinsicht und in bestimmten Situationen sogar ausschließlich – etwa dann, wenn wir Brötchen kaufen oder uns bei einem Passanten nach der Zeit erkundigen. Das aber heißt nicht, daß wir dieselben Menschen in anderen Situationen nicht auch anders wahrnehmen und anders mit ihnen in Beziehung treten. So kann ich einen Menschen zu einer Strafe verurteilen und ihn so als Mittel zum Zwecke der Abschreckung verwenden, aber ich werde ihn darum nicht, wie Kant meint, dem Sachenrecht subsumieren, da die Verwendung zu dem einen Zweck ihm seine Würde nicht schlechthin abspricht und ihn nicht aller seiner Rechte entkleidet.[17]

Auch das Argument, man wisse gar nicht, ob Abschreckung wirklich funktioniere, da man doch nur mit den Fällen konfrontiert werde, in denen Abschreckung nicht funktioniert habe, trägt nicht weit. Tatsächlich kön-

---

17 So auch Claus Roxin, *Strafrecht. Allgemeiner Teil*, München 1997, S. 51. – Man könnte übrigens die negative Generalprävention sehr wohl mit Hegel und Kant, die beide der Vorstellung des Verbrechens als einer individuellen Gesetzgebung anhingen, die gegen den Gesetzgeber (den Verbrecher) gewendet werden muß, begründen: Der Verbrecher behandelt sein Opfer als bloßes Mittel zu seinem Zweck, darum verwendet der Staat den Verbrecher als bloßes Mittel zu dem Zweck, andere davon abzuhalten, es ihm gleichzutun. – Für alle, die solche gedrechselten Argumente lieben.

nen wir nicht beweisen, welchen Anteil eine Strafdrohung daran hat, daß bestimmte Taten nicht häufiger begangen werden, als sie begangen werden, daß aber Strafe
im einen oder anderen Falle als Abschreckung tatsächlich
wirksam ist, ist uns allen als intuitive Wahrheit zugäng-
lich. Keiner, der ehrlich mit sich ist, wird leugnen, daß es
Delikte gibt[18], die er oder sie nur darum nicht begeht,
weil sie verboten und strafbar sind.[19] Im übrigen würde

18 Es ist nicht von allen oder von Delikten schlechthin die Rede, mathe-
matisch Vx(f). In der traditionellen Moralpsychologie taucht das als
Gyges-Frage auf: Was würdest du tun / nicht tun, wenn du einen
Ring hättest, der unsichtbar macht? Eine griechische Definition des
Philosophen lautet: Derjenige ist einer, der sein Verhalten nicht ändern würde, wenn morgen keine Gesetze mehr gälten. Wieland stellt
in seinem Roman *Aristipp und einige seiner Zeitgenossen* das Raison-
nement an, daß ein Sokrates vielleicht von solchem Schlage sei, allerdings folge daraus wenig, weil sich aus dem Verhalten von Ausnah-
memenschen nichts für das normaler Menschen ableiten lasse, und
das letztere sei allein für psychologische oder normative Überlegungen interessant.

19 Ich stimme hier mit Hassemer nicht überein, der schreibt: »Jedenfalls
im Bereich der *Gewaltdelikte* dürfte die Motivationsfähigkeit der
Strafrechtsnormen gegenüber der sozialen und der ethischen Normen
verschwindend gering sein. Man unterläßt den Faustschlag ins Gesicht des ärgerlichen Nachbarn nicht deshalb, weil § 223 StGB das
verbietet, man schreckt vor der Tötung eines Menschen nicht im
Blick auf § 212 StGB zurück, sondern weil man die Tabuschranke
nicht überwinden kann, an welcher die Strafrechtsnorm sicher mitge-
baut hat, deren Verankerung jedoch in Tiefen der Gattungs- und Le-
bensgeschichte liegt, die das Strafrecht nicht unmittelbar erreicht.«
(Hassemer, s. Anm. 8, S. 313.) Wie leicht Tabuschranken fallen, wenn
nur deutlich wird, daß das Strafrecht nicht mitzureden hat, wissen
wir allgemein und im Detail, etwa aus den Studien zu den deutschen
Todesschwadronen in Polen und den Gebieten der ehemaligen Sowjetunion (vgl. pro toto den Klassiker von Christopher R. Browning,
*Ganz normale Männer. Das Reserve-Polizeibataillon 101 und die
»Endlösung« in Polen*, Reinbek 1993). Eine Stelle wie die oben zitier-

auch der vehementeste Kritiker der Abschreckungstheorie nie die Probe aufs Exempel machen.

Anders sieht es mit der Kritik an der Spezialprävention aus. Empirisch läßt sich dieser Strafzweck nicht gut begründen. Mag zwar der eine oder andere *im* Gefängnis zu der Einsicht gekommen sein, daß er nicht nur gespielt und verloren, sondern Schuld auf sich geladen habe, so wird er kaum je *durch* das Gefängnis dazu gekommen sein. Es ist bekanntlich eher eine gute Schule des Verbrechens als eine Besserungsanstalt, und derjenige, der nach Verbüßung einer Haftstrafe nicht wieder straffällig wird, wird dies meist nicht wegen, sondern trotz der Strafe, die er zu verbüßen hatte, nicht. – Zudem verstößt die Idee von Strafe als Besserung oder Resozialisierung tatsächlich gegen die Menschenwürde – oder, wie ich es auszudrücken vorziehe: Mit dieser Vorstellung überschreitet die Staatsgewalt eine Grenze, die ihr gezogen sein sollte. Jeder hat das Recht, zu sein, wie er will – nicht zu tun und zu lassen, was er will. Der Staat hat nicht das Recht (sollte das Recht nicht haben), jemanden zu zwingen, ein guter Mensch zu werden, auch ist die Einstellung eines jeden zu den Normen der ihn umgebenden Sozietät seine Privatsache. Er darf sie nicht verletzen – dann treten Sanktionen in Kraft. Kurz gesagt: Der Staat darf einen Menschen dazu zu zwingen versuchen, bestimmte Normen einzuhalten, indem er ihm im Verletzungsfalle Sanktionen androht, aber er darf nicht versuchen, ihn dazu zu zwingen, sie zu mögen.

te ist nur möglich, weil historisches Wissen dieser Art nur fragmentarisch und auf den jeweiligen historischen Kontext eingeengt in die Kriminologie eingedrungen ist und nur über diesen unzureichenden Weg in den Blick der Strafrechtstheorie gerät.

Als Straftheorie ist der Gedanke der Spezialprävention nicht viel wert oder sogar tendenziell von Übel (nämlich in die Richtung einer Erziehungsdiktatur weisend) –, aber als Strafzwecktheorie ist er unerläßlich. Denn nicht nur ist es ein erstrebenswertes Ziel, nicht einen Menschen aus dem Strafvollzug zu entlassen, der für den Sozialverband gefährlicher ist, als er es vor der Straftat war, sondern es ist ein Gebot sozialer Fairness, dem Straftäter möglichst gute Chancen zu eröffnen, künftig ein deliktfreies Leben zu führen.[20] Schließlich folgt die Spezialprävention als Vollzugsziel aus unserer Strafpraxis. Ich zitiere wieder Hassemer:

Das Ziel der Resozialisierung [...] ist mit der Existenz eines Strafvollzugs über Freiheitsstrafen notwendig gesetzt. Leibes- und Lebensstrafen kommen mit dem alleinigen Strafziel der Vergeltung aus. [...] Unser Strafrechtssystem hat auf Dauer keine Alternative zur Besserungsidee. Dies liegt nicht nur daran, daß die schlichte Verwahrung von Menschen unseren Begriffen von Humanität und Verhältnismäßigkeit widerspricht

– meist widerspricht, möchte ich hinzufügen, denn natürlich gibt es Fälle, wo die Sicherungsverwahrung, wenn sie auch nicht als Strafe im engeren Sinne anzusehen ist[21], unumgänglich ist –

---

20 Hinzuzufügen wäre: insofern dieses Strafvollzugsziel nicht mit dem Strafziel der Abschreckung kollidiert.
21 Vom Verurteilten wird die hier gemachte Unterscheidung wahrscheinlich als unnötige Subtilität wahrgenommen werden.

sondern auch daran, daß schon die faktische Einrichtung eines Freiheitsstrafvollzuges zumindest eine Theorie darüber verlangt, mit welchem Sinn die freie Zeit des Gefangenen inhaltlich gefüllt werden kann.[22]

Beide Straftheorien haben nun ein grundlegendes Manko: Es ist aus ihnen keine Vorstellung über ein Strafmaß zu gewinnen. Nach der Idee der Spezialprävention bedürfte ein klassischer Einmal-Täter, und sei er ein Mörder (und gerade unter Mördern findet man diesen Typus oft), überhaupt keiner resozialisierenden Strafe, und wenn auch der Idee der (negativen) Generalprävention nicht die Vorstellung der härtesten als der im Sinne des vorausgesetzten Zweckes folgenreichsten und also besten impliziert ist, so könnte doch zumindest die Vorstellung einer je nach Beliebtheit eines bestimmten Deliktes konjunkturell schwankenden Strafdrohung mit ihr verträglich sein. Beiden Vorstellungen vom Zweck der Strafe und vom sozialen Sinn einer strafenden Rechtsprechung fehlt ein *Kriterium für Gerechtigkeit*, d. h. ein Kriterium für ein angemessenes Strafmaß. Wo also das Rechtsdenken seine Verbindungen zu magischen Vorstellungen kappt, verliert es, wie es scheint, seine Verbindung zum Gerechtigkeitsempfinden und zu den tatsächlichen Bedürfnissen der Opfer von Verbrechen gänzlich.

22 Hassemer, s. Anm. 8, S. 286 f. – *Ganz* so zwingend, wie hier präsentiert, ist die Argumentation nicht. Immerhin haben die Vergeltungstheorien sich mit dieser Frage durchaus befaßt und ihre Antwort gefunden: Zwangsarbeit – eine Antwort, zu der man auch beim Durchkriechen der Schlangenwindungen der Glückseligkeitstheorien kommen kann, wie die Strafpraxis diverser Regime zeigt.

Eine Vorstellung eines angemessenen Strafmaßes, also eine Vorstellung von Gerechtigkeit im Strafrecht sei, so Hassemer, allein in den absoluten Straftheorien mit ihrem aus der Talion gewonnenen Kriterium der angemessenen Vergeltung aufbewahrt, weshalb wir ohne diesen Traditionsbestand nicht auskommen könnten, wollten wir unsere Vorstellung von Strafbarkeit nicht in bloße Gesinnungs- oder Zweckmäßigkeitswillkür ausarten lassen. Wenn wir diesem Gedanken folgen wollen, aber andererseits dem abstrakten, magischen Charakter der absoluten Straftheorien auch auf diesem Wege keine neue Attraktivität abgewinnen können – woher können wir dann ein Gefühl[23] für Angemessenheit gewinnen?

Zunächst natürlich aus den Traditionen, deren mentaler Teil wir sind. Es sind ja keine tiefgründigen Überlegungen, die uns dazu bringen, die Tötung eines Menschen für eher strafenswert zu halten als die Lästerung des Namens irgendeines Gottes, sondern das Traditionsgefüge, in dem wir zu denken gelernt haben, legt uns nahe, so zu empfinden. Andere Traditionen sehen das möglicherweise anders. Natürlich behaupte ich nicht, daß wir bewußtloser Teil unserer Traditionen sind, wenn auch viele Zeitgenossen ebendies zu sein scheinen, aber es bleibt erstaunlich (oder ist vielleicht eben alles andere als erstaunlich), wie sehr auch die vehementesten Kritiker bestimmter geistiger, wissenschaftlicher oder politischer Traditionen ihre Kritik innerhalb von argumentativen Konfigurationen vorbringen, die in der angegriffenen Tradition erprobt sind und keinen ganz schlechten Ruf

---

23 «Gefühl» wurde hier bewußt gesetzt – um gleich das Phantasma »harter, objektiver Kriterien« für die Angemessenheit einer Strafe abzuwehren.

haben. Es ist nicht so schwierig, bestimmte Partien eines Traditionengeflechts zu kritisieren und zu ändern, es ist aber unmöglich (und nicht etwa nur taktisch unklug), ganz aus ihm auszusteigen.

Was bringt uns dazu, unsere Traditionen zu ändern? Was bringt uns dazu, bestimmte Strafvorschriften plötzlich als unangemessen, als »ungerecht« zu empfinden? Solche Traditionsumbildungen sind komplexe Akte, aber ich denke, daß immer eines im Zentrum steht: ein Akt der Identifikation – mit dem Täter oder mit dem Opfer, oder doch zumindest ein sich änderndes Maß an emotioneller Nähe. Wenn wir die Todesstrafe ablehnen, fühlen wir uns dem Delinquenten nahe, wir meinen, etwas von seiner Todesangst zu empfinden, und wir fühlen uns unbehaglich: wir meinen, »wir« (d. h. wir anderen außerhalb des Todestraktes) sollten das keinem antun.[24] Was bringt uns

24 Es kann auch sein, daß der, der an der Todesstrafe festhalten will, sich solcher Empathie verweigert: »Man redet immer von den Tätern«, so der Schauspieler und Regisseur Clint Eastwood in einem Interview, »ich habe aber stets das Bild von den Opfern im Sinn.« Die emotionelle Nähe der Gegner der Todesstrafe zu den Tätern pflegt die Angehörigen Ermordeter zu empören, zurecht von ihrem Standpunkt aus. Sie ist ein Akt der Entsolidarisierung. Die stupende Qualität des Films »Dead Man Walking« (USA 1995; Regie Tim Robbins, mit Susan Sarandon und Sean Penn) war, kein Angebot zu machen, die Empathie mit dem Mörder in der Todeszelle *und* mit den von ihm auf scheußliche Weise Ermordeten und ihren Angehörigen in irgendeiner Gesamtperspektive aufzulösen. Der Film war auf intelligenteste Weise aporetisch und also ein wirklich guter Ausgangspunkt für die Frage, worum es bei der Todesstrafe eigentlich geht. Denn so notwendig für jede Liberalisierung einer Strafpraxis der Perspektivenwechsel vom Opfer zum Täter hin ist, so wenig lassen sich aus diesem emotionellen switch triftige Argumente gewinnen. Ein amerikanischer Publizist hat völlig recht, wenn er sagt, daß bei einer Reihe von Menschen, die in US-amerikanischen Todeszellen sitzen, das Argument,

andererseits dazu, auf einmal die Vergewaltigung eines
Menschen für ein schlimmeres Vergehen zu halten als ein
Eigentumsdelikt? Zunächst nichts als die emotionelle
Nähe zum Opfer. Es sind seine Augen, durch die wir
blicken, wenn wir plötzlich sehen, daß die Proportionen,
was Strafandrohungen für Gewalt- und Vermögensdelik-
te anlangt, unausgewogen sind.[25] Und was bringt uns zu
einer solchen Änderung, Adjustierung unserer Optik? Es
sind Zeugen-Aussagen im weiteren Sinne des Wortes. Es
sind die Aussagen und Erzählungen von Verbrechensop-
fern, die aus der Neutralisierung, in die sie unser Rechtsdenken zwingt, heraustreten und außerhalb des Ge-
richtssaales in Interviews, Erinnerungen, fiktionalen Texten uns einladen, für eine kurze Zeit die Welt durch ihre
Augen zu sehen. Und manchmal können wir nicht mehr
vergessen, was wir da gesehen haben, und es wird auf
Dauer Teil unserer Art und Weise, Welt und Menschen
zu betrachten. Die Memoiren Überlebender des Holo-

sie hätten eine solche Strafe »nicht verdient«, ziemlich schwach ist,
denn angesichts ihrer Taten lasse sich mit guten Gründen fragen: Wer,
wenn nicht die? Die Argumentation gegen die Todesstrafe müsse
ganz anders ansetzen. Nämlich mit dem Hinweis darauf, daß ein
Staat, der tötet, seine Bürger verroht. Daß die Existenz der Todesstrafe nicht nur nicht abschreckt, sondern ein Klima schafft, das insgesamt gewaltaffirmativ ist, und so Gewaltdelikte wenigstens eher
wahrscheinlicher als weniger wahrscheinlich macht. Nichtsdestowe-
niger gehört auch zu diesem sachlichen Argument die Bereitschaft,
die spezifische Grausamkeit der Todesstrafe und damit den Grad an
diesbezüglicher Kälte zu empfinden, die die Befürworter dieser Straf-
art auszeichnet.

25 Daß sich in solchem Perspektivenwandel auch der Weg einer Gesellschaft in den Reichtum hinein spiegelt, ist kein Einwand, denn dieser
Weg scheint eine größere Sensibilität gegenüber der Gewalttat mit
sich gebracht zu haben.

caust haben – ein historisches Novum – zum ersten Mal die Gewalttat aus der Sicht des Opfers und von ihm selbst berichtet wahrnehmbar werden lassen.[26]

Andere Literatur, aus anderen Verbrechenskontexten, hat sich angeschlossen. Ohne die Berichte vergewaltigter Frauen wäre die Erweiterung der männlichen Bereitschaft, sich dem Opfer des Verbrechens näher zu fühlen als dem Geschlechtsgenossen, nicht möglich gewesen. Ohne die Berichte von Menschen, die als Kinder Opfer sexueller Gewalt wurden, wäre der Satz Adornos, der erste und einzige Grundsatz der Sexualethik sei, daß der Ankläger immer unrecht habe, heute noch akzeptabel und wirkte nicht so weltfremd. – Aber, Vorsicht! es gibt kaum Widerlicheres, als wenn diese emotionelle Nähe zum Opfer in stellvertretende Rache- und Bestrafungsphantasien umschlägt: »Wenn das meine Enkelin gewesen wäre, ich würde dem Kerl ...« In solchen Ausbrüchen zeigt sich nichts als die mentale Nähe des scheinbar wohlmeinenden Mitbürgers zum Gewalttäter, und darum sind solche scheinbaren Solidarisierungsbekundungen auch alles andere als der psychischen Stabilität eines Gewaltopfers zuträglich.

Zurück zur Straftheorie. Es gibt einen modernen Ansatz, der Spezialprävention und (negative) Generalprävention gewissermaßen in sich aufhebt und gleichzeitig dem Vergeltungsprinzip – man könnte auch sagen: dem Gerechtigkeitsempfinden – Raum gibt: Gemeint ist die Theorie der positiven Generalprävention. Durch sie erhält die Theorie des Strafens noch einen weiteren Schub

26 Vgl. Jan Philipp Reemtsma, »Die Memoiren Überlebender. Eine Literaturgattung des 20. Jahrhunderts«, in: J. Ph. R., *Mord am Strand. Allianzen von Zivilisation und Barbarei*, Hamburg 1998.

in Richtung Empirie, und, wie wir sehen werden, ist es
auf einmal möglich, innerhalb ihrer von einem »Recht
des Opfers auf Bestrafung des Täters« zu sprechen. – Die
Theorie der positiven Generalprävention versucht, das
Strafrecht nicht aus sich selbst heraus normativ zu verstehen oder in einen philosophischen Begründungsrahmen
zu stellen, sondern faßt das Strafrecht soziologisch auf:
als ein Instrument sozialer Kontrolle. Von anderen In-
strumenten sozialer Kontrolle, Benimmregeln etwa, unterscheidet es sich durch seine starke Formalisierung:

> Daß das Strafrecht gegenüber schwersten Abwei-
> chungskonflikten mit scharfen Instrumenten aus-
> gestattet ist, bedingt [...] erhöhte Zurückhaltung
> und Vorsicht beim Umgang mit diesen Instrumen-
> ten. Diese Zurückhaltung nennen wir ›Formalisie-
> rung der sozialen Kontrolle‹. [...] Man kann sagen:
> Je höher der Grad an Formalisierung des Kontroll-
> bereichs, desto größer die *Orientierung* des Betrof-
> fenen, seine Chance, das vorauszusehen, was ihm
> widerfahren wird, und sich darauf einzurichten: zu
> wissen, ob sein Verhalten als abweichend gelten
> und behandelt werden wird, die Reaktion abzu-
> schätzen, eine Verteidigung vorzubereiten etc.[27]

Und, so möchte ich hinzufügen, für das Opfer des Verbrechens gilt dementsprechend: je höher der Formalisie-
rungsgrad des Kontrollbereiches, desto größer auch *seine*
Orientierungschance, desto sicherer das Wissen, ob das
Leid, das ihm widerfahren ist, vom Sozialverband als *Un-*

27 Hassemer (s. Anm. 8), S. 320 f.

glück oder *Unrecht* angesehen wird, ob der Sozialverband sich in der Bestrafung (symbolisch) mit ihm gegen den Täter solidarisieren wird oder nicht.

Ziel der positiven Generalprävention ist es, generell das soziale Normverständnis zu verdeutlichen, nicht nur den potentiellen Verbrecher abzuschrecken. Laut Hassemer ist die Theorie der positiven Generalprävention zumindest tendenziell der der negativen Generalprävention sogar entgegengesetzt – letztere führe zu einem »akzeptableren Menschenbild«[28], denn es sei, wie andere Instrumente sozialer Kontrolle, zunächst einmal dazu da, Einsichten zu vermitteln. Das mag sein. Ich empfehle, die Theorie der positiven Generalprävention als eine *Rahmentheorie* aufzufassen, in der andere, die durchaus ihre Berechtigung haben, als isolierte oder Fundamentaltheorien zu sonderbaren Ergebnissen (Kants Inselbeispiel), bornierten Haltungen oder bestenfalls Inkonsequenzen führen, ihren Ort zugewiesen bekommen und in ihrer Reichweite bestimmt werden können. – So kann individuelle Besserung angestrebt werden, wo dies im Bereich des Angebotes bleibt und nicht in sozialpädagogischen Despotismus ausartet oder dem Ziel der Abschreckung widerspricht. – Strafe ist, wo dies vonnöten ist, Instrument der Abschreckung, und Strafe ist überall Verdeutlichung der Gültigkeit von Normen. Wer eine gesetzte Norm übertritt, hat unangenehme Folgen zu gewärtigen. Hat er Schaden angerichtet, muß er für ihn aufkommen, in gewichtigeren Fällen muß er mit Strafe rechnen. Das Maß der Strafe orientiert sich insofern an der Idee der Vergeltung, als der Sozialverband in der Strafandrohung

28 Ebd., S. 325.

deutlich macht, für wie hochwertig er das verletzte Rechtsgut hält – anders ausgedrückt: für in welchem Grade seine Mitglieder das Leben in einer Gesellschaft für unerträglich halten würden, in der die betreffende Norm nicht gälte. Über das Ziel der Normverdeutlichung läßt sich ohne Schwierigkeiten begründen, warum ein Verbrechen bestraft werden muß, auch wenn kein Risiko besteht, daß der Täter wieder straffällig wird, noch eine abschreckende Signalwirkung angenommen werden kann.

Als es um die Verurteilung von Verbrechen im Auftrage vormaliger Regierungen, sogenannte staatsinduzierte Kriminalität[29], ging, ergab sich ein straftheoretisches Problem: Der ehemalige KZ-Aufseher wies keine Sozialisierungsmängel auf, im Gegenteil, er erwies sich als guter Nachbar und Schrebergärtner. Auch ging es bei der Klageerhebung nicht so sehr um die abschreckende Wirkung seiner Bestrafung.[30] Man verwies, um diesem Problem zu entgehen, gerne auf das »allgemeine Rechtsempfinden«, das bei Nichtverurteilung Schaden nehmen könne[31] – eine freundliche Sicht der Dinge. Tatsächlich ging es dar-

---

29 Zur Wahl dieses Terminus vgl. Wolfgang Naucke, *Die strafjuristische Privilegierung staatsverstärkter Kriminalität*, Frankfurt a. M. 1996.

30 Allerdings bin ich auch der Meinung, daß dieser Aspekt nicht so sehr vernachlässigt werden sollte, wie man das gemeinhin tut. (Vgl. Jan Philipp Reemtsma, »Strafe für Mord und Folter im Regierungsauftrag?«, in: *Vom Guten, das stets noch das Böse schafft. Kriminalwissenschaftliche Essays zu Ehren von Herbert Jäger*, hrsg. von Lorenz Böllinger und Rüdiger Lautmann, Frankfurt a. M. 1993.) Inwiefern sich meine damals vertretene Position verändert/erweitert hat, ist im vorliegenden Aufsatz nachzulesen. Von heute aus betrachtet, scheinen mir die zuvor vorgetragenen Argumente nicht falsch, allerdings unzureichend zu sein.

31 So etwa Roxin, (s. Anm. 17), S. 58.

um, ein demoliertes Rechtsempfinden durch entsprechende Strafverfahren einigermaßen zu restituieren[32], und ebendieser Zweck läßt sich im Rahmen der Theorie der positiven Generalprävention problemlos formulieren.[33]

Nach Hassemer erlebt in der Theorie der positiven Generalprävention die Vergeltungstheorie ihre modernisierte Wiederauferstehung, ja diese sei im Grunde der Kern von jener, da im Strafzweck der Normverdeutli-

32 Vgl. Hannah Arendts Versuch, dieses Problem zu lösen: Hannah Arendt, »Die persönliche Verantwortung unter der Diktatur«, in: *Konkret* 6 (1991), S. 34–45 – und natürlich auf den letzten Seiten von *Eichmann in Jerusalem*. Darauf, wie prekär dieser letztere Versuch ist, hat Tzvetan Todorov hingewiesen in *Angesichts des Äußersten*, München 1993, S. 139 f., 173.

33 So kann in ihrem Rahmen auch mit dem im Falle staatsinduzierter Kriminalität oft auftretenden Problem der möglichen Verletzung des Grundsatzes »nullum crimen, nulla poena sine lege« (was nicht im Gesetz so bestimmt ist, darf nicht Verbrechen genannt, noch unter Strafe gestellt werden) umgegangen werden: Dieser Grundsatz ist kein kategorischer Imperativ, sondern bedarf der utilitaristischen Rechtfertigung – als Schutzvorschrift nämlich, die nicht leichthin außer Kraft gesetzt werden kann. Tatsächlich hängt im Strafrecht sehr viel, beinahe alles, an ihr (s.o. die Hassemersche Argumentation zur Formalisierung des Strafrechts), aber eben doch nur beinahe alles. Der Grundsatz muß es einem Angeklagten ermöglichen, sich damit zu verteidigen, daß er, wäre seine Tat zur Zeit der Begehung strafbar gewesen, sie unterlassen hätte. Aber ebenso wie solche Verteidigung ihre Grenze im subjektiven Unvermögen oder -willen des Angeklagten findet, sich Kenntnis darüber zu verschaffen, was Gesetz ist und was nicht (»Unwissenheit schützt vor Strafe nicht« – eine Maxime, die, um nicht inhuman zu werden, ebenfalls Ausnahmen leiden muß), so verfällt sie dort der Nichtbeachtung, wo sie offensichtlich ähnlich absurd wäre wie ein Göring, der sich damit verteidigen würde, man hätte von Massenmord an den europäischen Juden dann abgesehen, wenn er damals verboten gewesen wäre.

chung eine notwendige Beziehung zwischen Tatbewer-
tung und Strafmaß gegeben sei.[34] Ich folge Hassemer,
meine aber, daß zu der Behauptung einer solchen Beziehung eine Vorstellung des Verbrechens treten muß, die
dem gewählten theoretischen Rahmen angemessen ist.
Der Theorie der positiven Generalprävention ist in Folge
ihrer empirischen Aufladung die den absoluten Straftheorien und dem ihnen eigenen Konzept der Tatvergel-
tung zugrunde liegende Vorstellung der Verletzung des
»Rechtes schlechthin«, die durch den Akt der Strafe wieder aus der Welt geschafft werden muß, nicht mehr kom-
patibel. Strafe als Mittel sozialer Kontrolle reagiert (auch
wenn ein Teil ihres Reagierens zukunftsgerichtet ist) auf
einen entstandenen sozialen Schaden, also zunächst auf
ein Unrecht nicht anders als auf ein Unglück. Die Verpflichtung staatlichen Reagierens entsteht nicht aus der
Tatsache, daß ein Schaden (der vielleicht zu verhindern
gewesen wäre) entstanden ist. Denn in der Entstehung eines Schadens (oder der Begehung eines Verbrechens) ist
an sich kein schuldhaftes Versagen staatlicher Kontrolle
zu sehen, das in irgendeiner Weise wiedergutgemacht
werden müßte.[35] Wohl aber entsteht für die staatlichen
Instanzen eine Pflicht zur Schadensbegrenzung – die
Folgen einer Hochwasserkatastrophe sind auch dann zu
begrenzen, wenn die Deiche korrekt gebaut und in Stand
gehalten sind, und nach einem Verbrechen hat der Staat

34 Bei Hassemers Behauptung, »unverhältnismäßige Bestrafung« wider-
    spreche diesem Strafkonzept (s. Anm. 8, S. 327), handelt es sich aller-
    dings um eine Selbsttäuschung, die dadurch ausgelöst wird, daß die
    Behauptung letztlich tautologisch ist.
35 Im Einzelfall kann das natürlich sehr wohl sein. Im übrigen vgl. An-
    merkung Nr. 7.

auch dann zu intervenieren, wenn ihm kein entsprechendes Versagen anzulasten ist. In der Theorie der positiven Generalprävention wird die Verletzung des Rechts als Entstehung eines besonderen sozialen Schadens aufgefaßt, den es zu begrenzen, wo nicht zu reparieren oder zu beheben gilt.

Dieser Schaden besteht in vielerlei Hinsicht. Vorrangig in bezug auf die Normenverletzung als solche, die als individueller Test der Stabilität – der Ernsthaftigkeit, wenn man so will – des dem Normengefüge zugrunde liegenden (politischen) Wollens[36] aufgefaßt werden kann und entsprechend beantwortet werden muß.[37] Es gibt die im Verbrechen deutlich gewordene Bedrohung durch den Straftäter, die entsprechende Maßnahmen notwendig machen kann; es gibt den Vorbildcharakter des Verbrechens, dem mit dem Mittel der Abschreckung begegnet werden muß etc. Schließlich gibt es das Opfer des Verbrechens, dessen materieller Schaden in gewissem Rahmen entgolten werden muß, und dessen immaterieller Schaden –? Es ist der immaterielle Schaden des Opfers, der in die Theorie der positiven Generalprävention die Dimension des Rechtes wieder einführt, die ihr in ihrer Auffassung von Strafe als sozialem Kontrollinstrument – in ihrem, wie man analog zum linguistic turn in der Phi-

---

36 Wir berühren hier die Debatte über den Sinn oder Unsinn des Operierens mit Naturrechtskonzepten. An Stelle eines Exkurses verweise ich auf: Jan Philipp Reemtsma, »Die Institutionalisierbarkeit von Menschenrechten«, in: *Mittelweg* 36 (1998), H. 1, S. 4–18.

37 Umgekehrt gibt es den gezielten Normenverstoß, um zu demonstrieren, daß etwas nur noch auf dem Papier steht, und von keinem politischen Wollen mehr getragen wird, etwa in der alltagspraktischen Aufhebung des Kuppeleiparagraphen.

losophie sagen könnte: sociological turn – notwendiger-
weise verlorengeht.[38]

Es hat sich die Vorstellung verfestigt, daß der immaterielle Schaden eines Opfers – Angst, Schmerz, Verlust
spezifischer physischer oder psychischer Fähigkeiten
oder allgemein Ver- und Zerstörung der Fähigkeit, einigermaßen unbeschwert zu leben – symbolisch durch die
Bestrafung des Täters und die hierin zum Ausdruck ge-
brachte Solidarisierung des Sozialverbandes ausgeglichen
werde. Zwar sei dem Opfer die Rache nicht gestattet,
aber die Strafe bewirke bei ihm eine Genugtuung und sei
mithin so etwas wie die soziale Sublimierung des Rache-
bedürfnisses des Opfers.

Hier liegt ein Denkfehler vor. Welcher Art dieser ist,
kann uns die Beschäftigung mit Verletzungen zeigen, die
ein bestimmtes Maß überschreiten und die wir *Trauma-
tisierungen* nennen.[39] Wo wir von »Trauma« sprechen,
müssen wir zunächst – gleichgültig ob in medizinischem,
psychologischem oder sozialtherapeutischem Sinne –
aufhören, von Heilung zu sprechen. Ein Trauma ist eine
so extreme Erfahrung, so sehr vom Alltäglichen getrennt,
daß die Instrumente des Alltäglichen es nie ganz erreichen können. Ohne diese Einsicht ist jeder therapeutische Umgang mit Traumatisierten zum Scheitern verurteilt, im schlimmsten Falle birgt er das Risiko der Re-
Traumatisierung.

---

38 Vgl. bei Hassemer die im Vergleich zu der Präzision der vorausge-
gangenen Seiten erstaunlich blasse Argumentationsweise der Seiten
324–329.
39 Allgemein zum Begriff der Traumatisierung vgl. Gottfried Fischer /
Peter Riedesser, *Lehrbuch der Psychotraumatologie*, München/Basel
1998, S. 115 ff.

Das heißt gewiß nicht, daß therapeutische Bemühung im Falle eines Traumas schlechthin sinnlos sei. Nur könnte unsere Gesellschaft am Falle des Traumas lernen – und zwar nicht nur gekränkt-enttäuscht, sondern ernsthaft ent-täuscht –, wie oft die Alternative nicht krank-oder-gesund lautet, vielmehr Heilung nur eines der möglichen Ziele therapeutischen Umgangs mit physischer oder psychischer Beschädigung ist. Das traumatische Erlebnis läßt sich aus der Biographie nicht mehr entfernen, aber ungeheuer viel hängt davon ab, welchen Platz es in ihr einnimmt. Es kann das künftige Leben von ihm determiniert werden, man kann an ihm zugrunde gehen, oder man kann mit ihm leben, schlecht und recht, anders als zuvor, beschädigt zwar, aber nicht kaputt, vernichtet, zerstört.

Die Lebensbedingungen, die ein Traumatisierter nach dem Ende der aktuellen Traumatisierung vorfindet, sind dafür oft entscheidend. Sehr grob gesprochen kommt es darauf an, ob die nach dem akuten traumatisierenden Erlebnis gemachten Erfahrungen dessen Effekte verstärken oder nicht. Ob das Trauma in der Biographie singulär bleibt, oder ob es als Teil einer Sequenz erlebt wird. Hans Keilson hat in seiner Studie über die Lebensschicksale in den Niederlanden vor den Deutschen versteckter jüdischer Kinder gezeigt, wie sich Traumata sozusagen »von rückwärts« aufbauen können. Wie die Bedrohung erlebt wurde, hing besonders davon ab, wie die Zeit des Verstecks erlebt wurde, wie diese in der Biographie präsent war, oft davon, wie die individuellen Lebensumstände nach der Befreiung der Niederlande beschaffen waren. Nota bene: Nicht diese Lebensumstände nach der Befreiung, wenn sie annehmlich waren, »heilten«, schafften aus

der Welt, was vorher erlitten wurde, sondern wie sie beschaffen waren, bestimmte, wie bösartig das Trauma das
künftige Leben bestimmte. Welche Rolle in einem solchen »künftigen Leben« die Frage nach Recht und Unrecht spielte, zeigen überdeutlich die nach 1945 geführten
und nicht geführten Prozesse gegen die Exekutoren ras-
sistischer oder politischer Verfolgung sowie die bis heute
defiziente Praxis der Entschädigung. Auch bei dieser war
für viele Anspruchsberechtigte die Anerkennung, Opfer
eines Verbrechens und nicht unglücklicher historischer
Umstände gewesen zu sein, ebenso wichtig wie, oft wich-
tiger als die materielle Hilfeleistung.

Es zeigen die Fälle von Verbrechen, bei denen auch ein
Strafphantast mit dem Prinzip der Talion nichts mehr
ausrichten könnte, daß auch für das Opfer Rechtsprechung und Rache nicht dasselbe sind. Nicht, daß Rache
nicht sogar ein Mittel zur Selbsttherapie nach traumati-
scher Verletzung sein könnte.[40] Aber dieses Therapeuti-
kum muß, um wirksam zu sein, gerade der Teilhabe an
der Allgemeinheit entraten. Es muß aus eigener Macht-
vollkommenheit vollstreckt werden. Es ist die eigene sub-
jektive Willkür, die die angemaßte Objektivität des Täters
zurückschlägt und psychisch als Feindschaft kenntlich
macht, was der Verbrecher als Exzeß instrumenteller Rationalität etablieren möchte. Es sind aber solche Feinder-

---

40 So etwa Kurt Eissler, *Leonardo da Vinci. Psychoanalytische Notizen
zu einem Rätsel*, Frankfurt a. M. 1992, S. 280. – Eine unauslotbare
Kontroverse findet man in folgenden Texten: Jean Améry, »An den
Grenzen des Geistes«, in: J. A., *Jenseits von Schuld und Sühne*, Stuttgart 1980; Primo Levi, *Die Untergegangenen und die Geretteten*,
München 1990, S. 129 – ein Kommentar dazu in: Tzvetan Todorov
(s. Anm. 32), S. 282 ff.

klärungen sozial nicht tolerabel. Der individuelle Vergeltungswunsch des Opfers muß in jeder Rechtspraxis frustriert und von jeder Straftheorie mit Näheverbot belegt werden. Fairerweise sollte demnach die staatlicherseits verhängte Strafe nicht als geläutertes Substitut der Rache ausgelobt werden. Sie ist nicht das niedrige Bedürfnis in das sozial Akzeptable transformiert. Denn der Rachewunsch ist kein niedriges Bedürfnis, es sollte (als im Individuum fortbestehender Wunsch) nicht verachtet noch geächtet werden. Und es tritt nichts an seine Stelle.

Die Anerkennung, daß ein Verbrechen *Unrecht* war, nicht *Unglück*, ist etwas anderes. Sie ist, wie alles in diesem Zusammenhang, durchaus kulturabhängig. Ihre Bedeutung setzt voraus, daß das Verbrechensopfer zuvor einen sozial-kulturell zureichenden Grund gehabt hat, das Verbrechen als einen extremen Kontrast zu dem Erwartbaren aufzufassen.[41] Wie andere soziale Regelmäßigkeiten auch, verstärkt Recht die Sicherheit der Orientierung im sozialen Leben, ja es ist entscheidend das Recht, das das soziale Leben – kontrafaktisch – sicherer erscheinen läßt als das des Eremiten. Opfer eines Verbrechens, insbesondere eines Gewaltverbrechens zu werden, bedeutet plötzlich diesbezügliche soziale Orientierung zu verlieren. Es ist das Opfer eines Verbrechens – jedenfalls dann, wenn wir von einem Trauma sprechen –, das der Resozialisierung bedarf.[42] Scheitert diese, wird das Trau-

---

41 So etwa erwartet ein Soldat im Krieg Grausamkeiten, aber keine Kriegsverbrechen.
42 Die Abneigung, die Opfern extremer Gewalt von seiten ihrer Mitbürgerinnen und Mitbürger oft entgegenschlägt, beruht auf dieser Art instinktiver Verortung: Das Verbrechensopfer ist tendenziell sozial abgängig.

ma zur biographischen Maßgabe, das Versagen der sozialen Instanzen macht es zum Ausgangspunkt einer Sequenz.

Für das Opfer eines Verbrechens ist die Bestrafung des Täters keine Wiedergutmachung, sondern die Abwendung weiteren Schadens. Diese Art individuellen so gut wie sozialen Schadens ist es, aus dem im Rahmen der Theorie der positiven Generalprävention die Vorstellung von »Recht« in die Sozialtechnologie zurückkehrt. Das Recht des Opfers auf Bestrafung des Täters erwächst aus der Pflicht des Staates, den sozialen Schaden, den ein Verbrechen anrichtet, zu begrenzen. Diese hat per se nicht mehr mit Recht zu tun als die Maßnahme der Sicherung der Öffentlichkeit vor einem gefährlichen Täter. Für das Opfer aber besteht der hier zur Debatte stehende Schaden in den psychischen Folgen erlebter Orientierungslosigkeit auf Grund plötzlich erfahrener Rechtlosigkeit. Die Pflicht zur Re-Etablierung von Recht erwächst aus der diesbezüglichen Schadensbegrenzungspflicht des Staates.

Diese Überlegung ist die Kombination eines psychologischen Befundes mit einer rechts- und gesellschaftstheoretischen Konstruktion. Diese zunächst vielleicht etwas gesuchte Kopplung macht die interessante Merkwürdigkeit deutlich, daß erst die sich den unterschiedlichen empirischen Befunden wie der politischen Willkür weit sich öffnende Theorie der positiven Generalprävention dem Opfer ein wenig von der Stimme zurückzugeben in der Lage ist, die ihm die Philosophie der absoluten Straftheorien sowohl abgeschnitten als auch gleichsam bauchrednerisch zu bewahren gesucht hatte und die in den zaghaft empirischen Theorien der Spezial- und negativen Generalprävention erstickt wurde – und den Umstand, daß sie gleichzeitig, anders als ihre Vorgängerinnen, der Optik des Opfers bedarf, um nicht in dem Zuge, in dem sie Gerechtigkeitsempfinden und Rechtsdenken zusammenzubringen sucht, das Rechtsempfinden zu verlieren.

Nationalsozialismus und Moderne

Nationalsozialismus und Moderne

Wenn wir über »Nationalsozialismus und Moderne« sprechen, sprechen wir nicht über den Nationalsozialismus als antimoderne Veranstaltung – die er auch war –, in der eine Handvoll Spießer in der Kulturpolitik das Sagen erhielt, nicht über einen vereinsmäßig organisierten Runenzauber mit Gedenkveranstaltungen für die im Auftrage Karls des Großen massakrierten Sachsen in Verden an der Aller. Das könnten wir mit einem Achselzucken abtun und einem Blick auf den Stimmzettel: Da haben eben die falschen Leute die Mehrheit bekommen und zwölf Jahre später wieder eingebüßt. Nichts davon stellt unser Bild »der Moderne« wirklich in Frage.

Ich verwende den Terminus »Moderne« hier in einer eher unspektakulären Weise für den Kulturzusammenhang, der in den Krisen des 16. und 17. Jahrhunderts in Europa entstanden ist und der für uns die intellektuellen Bezugsgrößen bereithält, die in Diskussionen eine Rolle zu spielen pflegen.

Wenn wir vom Nationalsozialismus als einem Problem für unser Bild von der Moderne sprechen, dann sprechen wir von Auschwitz, von einem Ereignis, das in krassem Widerspruch zu diesem Kulturzusammenhang steht – wie wir hoffen –, das vor allem aber aus ihm nicht erklärbar scheint, das heißt mit den intellektuellen Mitteln, die er uns zur Verfügung stellt, nicht begriffen werden kann. So empfinden wir es jedenfalls ab einem bestimmten Punkt intellektueller und emotionaler Anstrengung immer wieder.

Wir sprechen von einer Gesellschaft, die einen büro-

kratisch organisierten Massenmord verübt hat und deren
Zustand wir nicht als regressiven Schub in eine Vormo-
derne abtun können, weil sie in zu vielen Zügen und
Kontinuitäten mit unserer Gesellschaft verbunden ist –
so stark die Versuchung auch ist, den Antisemitismus, die
nackte Brutalität seiner Exekution und die öffentlichen
Inszenierungen der Volksgemeinschaft als archaische
Fremdkörper, die im Grunde nicht in dieses Jahrhundert
gehören, zu empfinden.

Darum geht es, wenn wir über »Nationalsozialismus
und Moderne« sprechen – wir sprechen dabei immer
wieder über die Frage, die Tom Segev in seinem Buch
über die Geschichte der KZ-Kommandanten »die Kardi-
nalfrage der Geschichtsschreibung« genannt hat: »Wie
konnte das alles geschehen?«[1]

Ich denke, daß man diese Frage inzwischen recht gut
beantworten kann, aber man kann gleichzeitig zeigen,
wie wenig, in Abwandlung eines bekannten Zitates, damit gewonnen ist, daß man es kann. Abgewehrt werden
kann mit den möglichen Antworten auf die Frage, wie es
geschehen konnte, nicht das Entsetzen darüber, daß es
geschehen konnte – mit den Worten Adornos: »[...] daß
es geschehen konnte inmitten aller Tradition der Philosophie, der Kunst und der aufklärenden Wissenschaften«.[2]

Ein historiographisches oder sozialwissenschaftliches
Erkenntnisbemühen, das nicht von diesem Entsetzen
ausginge und zu ihm zurückkehrte, machte sich selber zu
einem Teil der Barbarei, die es zu beschreiben trachtete.

---

1 Tom Segev, *Die Soldaten des Bösen. Zur Geschichte der KZ-Kommandanten*, Reinbek 1992, S. 18.
2 Theodor W. Adorno, *Gesammelte Schriften*, hrsg. von Rolf Tiede-
   mann, Bd. 6, Frankfurt a. M. 1984, S. 359.

Gleichwohl bleibt ihm gar nichts anderes übrig, als dieses zwar nicht zu suspendieren, aber gleichsam abzuspalten für einen Teil des intellektuellen Weges, den es zurückzulegen hat. Ohne diese Abspaltung wäre es zum Scheitern verurteilt, aber der Preis dieser Abspaltung auf Zeit ist nicht gering. Wir zahlen ihn um der Erhaltung unserer geistigen Gesundheit, oder sagen wir weniger pathetisch: unserer emotionellen Balance willen:

> Was die Deutschen begangen haben, entzieht sich dem Verständnis, zumal dem psychologischen [...]. Dennoch sieht das Bewußtsein, das dem Unsagbaren standhalten möchte, immer wieder auf den Versuch zu begreifen sich zurückgeworfen, wenn es nicht subjektiv dem Wahnsinn verfallen will, der objektiv herrscht.[3]

Die Erhaltung unserer emotionellen Balance, unserer – wie sagt man? – Normalität, führt uns aber in eine gewisse Nähe zu den Exekutoren und Handlangern der Massaker, die gleichfalls ihre geistige Gesundheit und Normalität zu bewahren wußten und denen es mehrheitlich gelang, sich ins normale bürgerliche Leben spurenlos wieder einzupassen.

Die Geschichtsschreibung hat viel Material zusammengetragen, und jeder Fingerzeig auf scheinbar noch so periphere Ereignisse und Faktoren ist von hoher Wichtigkeit, weil nur durch die Erforschung des Details der Gesamtprozeß annähernd verstanden werden kann. Nur durch die unzähligen Einzelheiten, die zusammenkom-

---

3 Ebd., Bd. 4, Frankfurt a. M. 1980, S. 114f.

men mußten, ergibt sich das Gesamtbild, nur durch die vielen sogenannten Randbedingungen konnte wirklich werden, was zuvor unmöglich schien. Doch dafür, daß es möglich wurde, kann man, denke ich, das Zusammenwirken von drei Faktoren verantwortlich machen, wobei »verantwortlich« eine Metapher ist – verantwortlich sind immer nur Menschen.

Diese drei Faktoren sind der nachreligiöse Antisemitismus als selbstreferentielles Gedanken-(oder, wenn Sie lieber wollen: Wahn-)System, die Volksgemeinschaft als Phantasma und Realität, die (um den Weberschen Terminus zu gebrauchen) charismatische Herrschaft als Charakteristikum der nationalsozialistischen Herrschaftsweise.

Daß der Antisemitismus ein politischer Faktor in der Moderne war, wurde oder geblieben war, haben nicht erst die Wahlsiege der Nazis deutlich gemacht. Die russischen Pogrome der Jahre 1881/82 hatten es gezeigt – aber waren das nicht die letzten Konvulsionen eines vormodernen Aberglaubens? Die Dreyfus-Affäre hatte es gezeigt. Aber andererseits war ein Disraeli englischer Premierminister geworden. Die Zionisten hatten den Glauben aufgegeben, daß Nichtjuden mit Juden in Europa zusammenzuleben gewillt seien – aber bewiesen sie etwas?

Nicht einmal die Wahlsiege der Nazis schienen etwas zu beweisen, denn daß die Wähler der NSDAP mehrheitlich keine fanatischen Antisemiten waren, war klar. Sie waren das, was man »normale Antisemiten« nennen könnte, also solche, für die der Antisemitismus kein Lebensthema ist; solche, denen die fanatischen Antisemiten eher peinlich sind; solche, die im Gegensatz zu jenen selbstverständlich bestreiten, Antisemiten zu sein, die nur sagen, daß es eben eine Tatsache sei, daß die Juden im öffentlichen Leben eine überproportionale Rolle spielten; kurz: solche, die die NSDAP nicht wegen ihres programmatischen Antisemitismus wählten, in diesem aber auch keinen Grund sahen, sie nicht zu wählen; und dazu gehörten all jene, die die NSDAP aus sehr vielen Gründen nicht wählten, ja bekämpften, aber nicht auf die Idee kamen, ausgerechnet ihr Antisemitismus könnte ein besonders guter Grund sein, sie nicht zu wählen oder sie zu bekämpfen.

Diese normalen Antisemiten, von denen es auch in der NS-Führungselite genug gab, würden von sich aus nie ein weitgehendes Diskriminierungsprogramm und sicherlich kein Mordprogramm initiiert haben oder initiieren. Aber wie sich gezeigt hat, waren sie bereit, solche Programme mehr oder weniger aktiv zu unterstützen – aus was für Gründen auch immer. Das gilt für die Führungselite wie für die Gesamtbevölkerung.

Was in den Vernichtungslagern geschah, wußte nur eine Minderheit, wenn diese auch nicht ganz so klein war, wie man es nach 1945 gerne gehabt hätte. Was diejenigen Massenmorde an den Juden auf dem Balkan und in der Sowjetunion anging, die von SS und Wehrmacht durchgeführt wurden, waren es schon mehr. Aber alle wußten von den Rassegesetzen, alle wußten von Deportationen, alle wußten, daß es wenigstens in Deutschland keine Juden mehr gab. Die NS-Führung verkündete es immer wieder in Rundfunk und Presse. Und als Goebbels im *Reich* schrieb, Hitler habe sein Versprechen aus dem Jahre 1939, ein neuer Krieg werde das Ende der jüdischen Rasse in Europa zur Folge haben, eingelöst – wann hätte

sich je eine Regierung öffentlich in der Presse eines Mas-
senmordes gerühmt? –, hielten wirklich alle Leser dieser
Zeilen das für eine Metapher oder eine *façon de parler* die
nichts weiter besagen sollte, als daß nun die Arisierung
des Einzelhandels auch im Osten abgeschlossen worden
sei?

Um diese mörderische Energie und mörderische Tole-
ranz auch bei jenen zu verstehen, die keine fanatischen
Antisemiten waren, hat man versucht, das Problem weg-
zudefinieren: Es sei im Grunde um die Juden selbst nicht
gegangen, sie seien Sündenböcke, Stellvertreter für andere gewesen; oder es sei nur um ihr Eigentum gegangen,
oder um Wirtschafts- oder Bevölkerungspolitik, die man
auf ihre Kosten verwirklicht habe, und so weiter. Forschungen, die auf solchen Hypothesen aufgebaut wurden, haben zu wichtigen Erkenntnissen geführt. Sie haben vor allem deutlich gemacht, wie breit die praktische
und intellektuelle Zu- und Zusammenarbeit bei diesem
beispiellosen Mordprogramm gewesen ist.

Eine Frage können diese Forschungen nicht beantworten (dazu sind sie ja auch nicht da, sondern dazu, dieser
Frage auszuweichen): Warum die Juden? Warum konnten sich diese verschiedenen Interessen, Bereicherungs-
wünsche, wirtschaftspolitischen Kalküle, bevölkerungs-
politischen Visionen etc. auf einen antisemitischen Nen-
ner einigen? War es Zufall? Hätte es auch ein anderer sein
können, hat sich aber die Gruppe der Juden eben durch
ihr Vorhandensein einfach angeboten? Keiner wird diese
Frage mit Ja beantworten wollen noch können, denn die
Juden waren ja nicht einfach »da«, man mußte einen
ziemlichen Definitions- und Gesetzesaufwand treiben,
um klarzustellen, wer Jude war und wer nicht. Und die

Vorstellung, alle Interessen, die später von der Judenvernichtung profitierten, seien schon zuvor dagewesen und
hätten sich dann auf ein gemeinsames Objekt geeinigt,
auf dessen Kosten alle auf die ihren kommen konnten, ist
absurd.

Andererseits war der Antisemitismus durchaus einfach
»da«, er war vorhanden bei den fanatischen Antisemiten,
die von ihrer Idee besessen waren, und bei den normalen,
denen es normal vorkam, wenn etwas auf Kosten der Juden ging – und wenn die Fanatiker es den weniger Fanatischen leichter machten, das diffuse Objekt ihres Ressentiments deutlicher zu sehen, um so besser.

Man muß die Prioritäten umkehren: Ein deutschland-,
dann europaweites antisemitisches Programm erlaubte es
allen möglichen Individuen oder Gruppen, praktische
und intellektuelle Zusatzgewinne zu machen. Es wurde
ihnen ein Feld eröffnet, auf dem sie rücksichtsloser Ge-
winne machen, Bevölkerungspolitik betreiben, ökonomische Formeln Politik werden lassen, Theorien den
letzten Schliff geben und mit praktischen Tips versehen
konnten. Dazu brauchte es nur den Minimalkonsens, daß
es in Ordnung war, wenn es auf Kosten der Juden ging.
Dieser Minimalkonsens setzt aber zweitausend Jahre
Antisemitismus voraus – ohne diese Geschichte wäre es
zu solcher mörderischen Selbstverständlichkeit nicht gekommen.

Wer das sagt, wird oft zu Recht darauf hingewiesen,
wie sehr der moderne Antisemitismus sich vom traditionellen unterscheide. Der alte, religiöse Antisemitismus
habe seine historische Rolle ausgespielt, an seine Stelle sei
der moderne Rassismus getreten – und mit ihm das büro-
kratische Vernichtungsprogramm an die Stelle des Po-

groms. Das ist einerseits richtig. Einen Beleg für diese
These kann man nicht zuletzt in den Schriften der modernen Antisemiten finden, etwa in Hitlers *Mein Kampf*.

Nur ergibt sich für den antisemitischen Theoretiker
wie für den Theoretiker des Antisemitismus dasselbe
Problem; er muß die Frage: »Warum die Juden?« beantworten. Der antisemitische Theoretiker hat es leicht, er
sagt, er habe die Antwort auf diese Frage, an der seine religiösen Vorläufer nur herumgerätselt hätten, bei der
Hand. Der Theoretiker des Antisemitismus wird nicht
umhinkommen, je mehr Unterschiede er zwischen vor-
modernem und modernem Antisemitismus feststellt, desto mehr die Frage nach der Gemeinsamkeit aufzuwer-
fen, denn die Konstanz des Objektes wird um so rätsel-
hafter, je variabler die Affekte sind, die auf es gerichtet
sind. Der Theoretiker des Antisemitismus hat also die
Wahl, entweder selber antisemitisch zu optieren, also den
Grund der Sache im Objekt zu suchen – sprich: den Antisemitismus auf eine Eigenschaft der Juden zurückzu-
führen[4] –, oder den scheinbaren Wechsel der Affektlage
(von der Religion zum Rassismus) als eine Transformation zu verstehen, die aus der langen Geschichte des Antisemitismus selbst resultiert.

Unser Abendland ist ein christliches. Das Christentum
und der Antijudaismus sind siamesische Zwillinge, und
ob es je gelingen wird, sie vollständig zu trennen, ist, wenigstens solange das Matthäus- und das Johannes-Evan-
gelium unter die kanonischen Schriften zählen, eine offe-
ne Frage. Unter religiösen Voraussetzungen ist die Frage,

4 Zu nennen wären hier ihre Selbstbeschreibung als auserwähltes Volk,
  ihr Bilderverbot, ihre Weigerung, sich religiös zu assimilieren usw.

ob einer Jude sei oder nicht, eine religiöse, also eine, die sich mit der Konversion erledigt. Sie ist mithin eine, die christlicherseits oft die Form »Taufe oder Tod« annahm. Für den rassistisch denkenden Antisemiten ist das Judentum nichts, was einer mit der Konversion hinter sich lassen könnte, für ihn lebt es im Blute. Hier liegt für das potentielle Opfer des Antisemiten der große Unterschied zwischen religiösem und nachreligiösem Antisemitismus.

Fahrlässig wäre es, den Unterschied zwischen der Möglichkeit, sein Leben zu retten, indem man eine andere Konfession annimmt (oder, indem man es opfert, Märtyrer der eigenen zu werden), und der Tatsache, von Standesamts wegen zum Tode verurteilt zu sein, geringzuschätzen. Doch ist es, um die Dynamik des nachreligiösen Antisemitismus zu verstehen, von entscheidender Bedeutung, zu sehen, daß es diesen Unterschied so rein nie gegeben hat, dagegen aber Praktiken, für die wir heute kein anderes Wort wüßten als »rassistisch«, als es noch keinerlei Begriff von Rasse oder Biologie im modernen Sinne gab.

Ein Laboratorium des Antisemitismus ist das Spanien Ende des 15. Jahrhunderts. Es ist ein Zufall, daß das Jahr 1492 die Entdeckung Amerikas und die Eroberung des letzten maurischen Fürstentums auf der Iberischen Halbinsel sieht, weniger aber ein Zufall, daß die erste europäische Großmacht – hervorgegangen aus der freiwilligen Vereinigung von Aragon und Kastilien zu Spanien – den ersten Versuch sieht, die »Judenfrage« zu »lösen«.

Die spanischen Juden wurden vor die Alternative gestellt, auszuwandern oder zu konvertieren. Mit denen, die die Konversion vorzogen, begann das Problem für die christliche Mehrheit. Man hatte nun Christen im

Lande, die freiwillig keine geworden wären und die darum verdächtig waren: verdächtig, heimlich jüdische Riten zu praktizieren (was manche taten); verdächtig, die Christen zu hassen (was gewiß einige taten).

An die Stelle einer Kultur der Verfolgung trat eine des Verdachts. Und also erfand man Mittel, dieser Kultur zum Ausdruck zu verhelfen, und wir finden das ganze Arsenal des modernen Antisemitismus in der Retorte »Spanien nach 1492«: die Weltverschwörung (denn die Ausgewanderten hätten die Reformation angezettelt), den Juden als Unterwanderer (denn offiziell durfte es ihn nicht mehr geben, man sah ihn nicht mehr, also konnte er überall sein), das Jüdische als vererbbare Eigenschaft: Die Nürnberger Gesetze sind, bewußt oder unbewußt, nach dem Vorbild der spanischen Gesetze zur Reinerhaltung des Blutes – *limpieza de sangre* – verfaßt worden; Raul Hilberg hat die Parallelen in der Einleitung zu seinem Hauptwerk *Die Vernichtung der europäischen Juden* deutlich gemacht.

Es gab diese fixe Idee schon lange vor dem spanischen Exempel. Zu Zeiten der Pest ermordeten Christen die Nachkommen zwangskonvertierter Juden wegen des Verdachts der Brunnenvergiftung. Und es gab sie lange nachher. In Deutschland begann der moderne Antisemitismus als Reaktion auf die sogenannte Emanzipation der Juden, und Heinrich von Treitschke, der Urheber der Parole: »Die Juden sind unser Unglück«, empfand es am Ende des 19. Jahrhunderts als eine Gefahr für Deutschland, wenn die Nachkommen der zu Pest- und Kreuzzugszeiten, das heißt vor Jahrhunderten, nach Osten Vertriebenen zurückkämen, denn sie müßten doch voller Ressentiments sein.

Es gibt ein Bewußtsein der Untat[5]; dieses Bewußtsein führt zur Erwartung einer Vergeltung, und diese zu projektivem Haß – so kann man in der Moderne die Ursachen des Antisemitismus vergessen oder verurteilen und doch fanatisch antisemitisch sein und zusätzlich ein Argument daraus gewinnen: Die Juden müssen schon sonderbare Leute sein, wenn wir sie dauernd verfolgen. Dieser Satz ist das nun in der Tat banale Geheimnis des nachreligiösen, modernen Antisemitismus, der kein Rätsel ist, wenn man die Tatsache einer irgendwann selbstreferentiell werdenden Verfolgungsgeschichte, die nicht von sich lassen kann, akzeptiert.

Aber wenn man diese Tatsache, die sich auch darin zeigt, daß die antijüdischen Gesetze der Nationalsozialisten auf nichts weiter als auf die jüdische Religionszugehörigkeit der Vorfahren rekurrierten, einzusehen bereit ist, so bereitet es doch große Schwierigkeiten einzusehen, wie eine solche Obsession die Macht über die Politik eines modernen mitteleuropäischen Landes erhalten konnte. Daß eine Majorität Chancen wittert, wenn ein zuvor diffuser Wahn so klare Konturen erhält, daß man die eigenen Interessen darauf setzen kann, leuchtet vielleicht ein, aber wie kann es dazu kommen, daß sogar Interessen hintangesetzt werden? – Das klassische Beispiel sind die an der Front gebrauchten Züge, die für die Deportationen nach Auschwitz eingesetzt wurden.

Um das zu verstehen, muß man die andere Seite der Vernichtungspolitik des Nationalsozialismus betrachten, die Idee von der Volksgemeinschaft. Ziel des Nationalso-

---

5 Nicht nur in der antijüdischen Verfolgungsgeschichte. Es gibt historische Parallelen auch in der nordamerikanischen Indianerpolitik.

zialismus war die Schaffung einer rassisch (heute würden
wir sagen: ethnisch) homogenen Gemeinschaft, einer Gemeinschaft, in der es auf Grund ihrer Homogenität keinen Dissens mehr geben kann, weil alle möglichen Träger
des Dissenses von vornherein ausgeschaltet worden sind.
Diese Gemeinschaft war als europäische Herrenrasse
phantasiert, herrschend über die übrige, von ihr abgeson-
derte und zu Teilen dezimierte und versklavte Bevölkerung Europas.[6]

Ich möchte den Blick aber weniger auf den phantasier-
ten Herrschaftsstatus dieser Gemeinschaft lenken als
vielmehr auf die dieser Phantasie zugrundeliegende Idee
der homogenen Gemeinschaft. Diese Idee oder dieses
Phantasma ist, wiewohl wir von einem politischen Ziel
sprechen würden, identisch mit dem Versuch, Politik abzuschaffen.

Am 12. März 1944 sagte Karl Dönitz in einer Rund-
funkrede zum »Heldengedenktag« folgendes:

> Was wäre unsere Heimat heute, wenn der Führer
> uns nicht im Nationalsozialismus geeint hätte?
> Zerrissen in Parteien, durchsetzt von dem auflö-
> senden Gift des Judentums und diesem zugäng-
> lich, da die Abwehr unserer jetzigen kompromiß-
> losen Weltanschauung fehlte, wären wir längst der

---

6 In der SS wurde versucht, diese Herrenrasse aus ihrem Elitekern heraus zu züchten. Gefordert war ein Ariernachweis bis 1648, Ehen mußten genehmigt werden usw. Die Homogenität und der Dissens waren
  von vornherein ausgeschlossen: So konnte es in der SS keinen Kamera-
  dendiebstahl geben, weshalb es untersagt war, die Spinde abzuschlie-
  ßen. Die Folge waren ständige Ermittlungen wegen Kameradendieb-
  stahls.

Belastung dieses Krieges erlegen und der erbarmungslosen Vernichtung unserer Gegner ausgeliefert worden.[7]

Dies ist die knappste Formel, auf die die Idee der Volksgemeinschaft gebracht werden kann: Einigung durch Abschaffung der Politik und ethnische Homogenisierung.

Politik und Dissens gehören zusammen. Man könnte pointiert sagen, daß Politik die Methode ist, Handlungsfähigkeit ohne Konsens herzustellen, denn das Ziel politischer Koalitionen ist die Herstellung von Mehrheiten – mehr nicht. Ferner ist keine Koalition Garant irgendeines Konsenses, denn sie besteht nur auf Zeit. Ein starkes Bedürfnis nach Stabilität und Konsens steht also immer in Spannung zur Politik.

Die Angst vor der Politik aus Angst vor dem Dissens ist alt, sie begleitet wahrscheinlich die Politik und taucht immer wieder auf, wenn sich die Vorstellung breitmacht, es stehe irgendein »Ganzes« auf dem Spiel, das durch den Parteienhader gefährdet werde.[8] Den berühmtesten Ausdruck hat diese Angst im Werk von Thomas Hobbes gefunden, für den jede Idee von Gewaltenteilung, Bürgerrechten, Checks and Balances die zentrale Macht schwächt und also eine potentielle Quelle des Bürgerkriegs darstellt. Hobbes reagierte auf den englischen Bür-

---

7 Zit. nach: Telford Taylor, *Die Nürnberger Prozesse. Hintergründe, Analysen und Erkenntnisse aus heutiger Sicht*, München 1994, S. 472.
8 Selbst dort, wo die Politik erfunden wurde – in Athen –, bekam man Angst vor ihr, als sie in den Krieg geführt hatte. Es ist interessant, daß es im kriegführenden Athen Bestrebungen gab, mit Abstammungsnachweisen klarzulegen, was ein rechter Athener sei.

gerkrieg, die letzte der großen Krisen des 16. und 17. Jahrhunderts, die »unsere Moderne« hervorgebracht haben.

Aber diese Angst durchzieht auch weniger offensichtlich das moderne Denken, etwa in der Idee, daß einzig das Streben nach Konsens einen Streit rechtfertigen könne, wie bei Kant in der *Kritik der Urteilskraft* nachzulesen. Diese Angst liegt auch der sozialistischen Idee zugrunde, daß politischer Dissens nur als Ausdruck von Herrschaftsverhältnissen verstanden werden könne und mit der Verwirklichung ökonomischer Gleichheit von selbst verschwinde, und vorher schon im Proletariat ein Mangelzustand sei, der von unzureichend entwickeltem Klassenbewußtsein zeuge.[9] Die Angst vor der Politik prägt auch zu Teilen unsere Gegenwartspolitik. Es gibt einen parteienübergreifenden Konsens, daß man sich in den wirklich wichtigen Fragen einig sein sollte. Das ist alles andere als evident. Nichts macht Streit so wahrscheinlich – und oft nötig – wie die wirklich wichtigen Fragen (und die Frage, welches diese eigentlich seien).

9 Von den drei Idealen Freiheit, Gleichheit und Brüderlichkeit hat, so sagt man, der Liberalismus das der Freiheit, der Sozialismus das der Gleichheit verabsolutiert – jeweils auf Kosten des rivalisierenden. Das ist insofern richtig, als die sozialistische Tradition aus der Idee resultiert, daß das Projekt der politischen Gleichheit der Französischen Revolution ohne das der ökonomischen Gleichheit nicht zu verwirklichen sei, und daß das Ziel der ökonomischen Gleichheit mit dem der ökonomischen Freiheit kollidiert. Zerstört hat aber den libertären Impuls des Sozialismus nicht die Idee der ökonomischen Gleichheit, sondern das Ideal der Solidarität vom demokratischen Sozialismus bis zum sozialdemokratischen Stallgeruch. Es produzierte die Figur des Verräters.

Damit diese Furcht vor der Politik in der Politik virulent werden kann, ja so virulent, daß sie zur Abschaffung der Politik führt, braucht es Voraussetzungen, und die kann man – die Geschichte ist kein Mechanismus – nicht systematisieren. Rückblickend wissen wir, daß der Erste Weltkrieg zwei antipolitische Bewegungen begünstigt hat, den Bolschewismus und den Nationalsozialismus. Wo Totalitarismustheorie sich auf diesen gemeinsamen Zug der Abschaffung von Politik bezieht, hat sie recht im Betonen der Gemeinsamkeiten. Unrecht hat sie, wo sie die jeweils ganz unterschiedlichen Gewaltdynamiken verkennt, die beide Bewegungen hervorgebracht haben.

Der Bolschewismus hat eine fixe Idee, die die sozialistischen Parteien in unterschiedlichem Grade immer begleitet hat – die Angst vor dem Verrat –, zum Herrschaftsprinzip erhoben. Der Verräter, der Dissident, ist die Figur, von der der Bolschewismus besessen ist, und der Gulag-Sozialismus ist der Ausdruck dieser Obsession geworden. Entscheidend für die Figur des Verräters ist aber, daß er nicht von Anfang an einer ist. Der Verräter ist der Genosse von gestern. Jeder kann der Verräter von morgen sein. Mögliches Opfer staatlicher Verfolgung, staatlichen Terrors und Mordes war im Gulag-Sozialismus potentiell jeder bis hinauf zur obersten Spitze des Staates. In der Figur des Verräters objektivierte sich die stets fortbestehende Möglichkeit des Einwands gegen das gesellschaftlich Erreichte, mit ihm mußte der mögliche Dissens immer wieder vernichtet werden, und die Ubiquität des Verdachtes produzierte ihn immer wieder neu.

Der Feind, den sich der Nationalsozialismus imaginierte, indem sich seine Angst vor der Politik objektivierte, war der Schädling, der vorab definierte. Im National-

sozialismus gab es, sieht man von dem einmaligen Schlag
gegen die SA-Führung ab, keine Säuberungen. Wer nicht
zu einer der klar bezeichneten Gruppen politischer Fein-
de oder auszurottender Schädlinge gehörte (und wer das
sein würde, wußte man aus den Wahlkämpfen vor 1933
und den nach 1933 sofort einsetzenden Maßnahmen) und
nicht von sich aus die Loyalität zum Regime offensiv in
Frage stellte, war sicher.

Das ist der Grund für die viele Emigranten so erstau-
nende Unterstützung, die das NS-Regime in der deutschen Bevölkerung bis zuletzt erfuhr. Auch die Ver-
schwörer des 20. Juli rechneten nicht damit, in der Bevölkerung irgendwelche Unterstützung zu erfahren. Man
wird zugeben müssen, daß Dönitz buchstäblich recht
hatte: Es war den Nationalsozialisten tatsächlich gelun-
gen, eine Volksgemeinschaft herzustellen, ihr Phantasma
Wirklichkeit werden zu lassen, indem sie klar zwischen
dem »Wir« und »den anderen« unterschieden, und die
Mehrheit des »Wir« zu mehr oder weniger passiven
Komplizen von Verfolgung, Vertreibung und Ermor-
dung »der anderen« machten.

Noch in Nürnberg verteidigte Dönitz, auf die oben zi-
tierte Passage angesprochen, die Ansicht, daß die Aus-
schaltung der Juden aus dem Leben der Deutschen die
deutsche Kampfkraft gestärkt habe, als evident. Hier
sprach der 1891 geborene Berufssoldat etwas aus, was
vielen Deutschen ein selbstverständlicher Gedanke gewesen war: daß nämlich nur eine homogene Volksgemeinschaft einen Krieg gewinnen könne. Diese Idee
stammt aus dem ersten Versuch, eine solche herzustellen,
als die Oberste Heeresleitung unter Ludendorff und
Hindenburg im Deutschen Reich faktisch eine Militär-

diktatur errichtete. Von Ludendorff stammt die Vorstellung vom Totalwerden des Krieges, von der Ausrichtung nicht nur der klassisch militärischen, nicht nur der ökonomischen, sondern sämtlicher Energien auf den Krieg. Jeder Bürger und jede Bürgerin sei an irgendeiner Front, proklamierte er, und es sei an der Obersten Heeresleitung, zu entscheiden, wo sie oder er eingesetzt werde. Hand in Hand damit (und mit dem Umstand, daß auch so der Krieg nicht gewonnen wurde) ging die Phantasie von den unzuverlässigen Kräften im Volke, den Schädlingen, und es waren auch dort schon nicht zuletzt die Juden, auf die sich diese Phantasien richteten.

Das Gegenstück zur homogenen Volksgemeinschaft als Voraussetzung der Totalen Mobilmachung war die Vernichtungspolitik der Nationalsozialisten, ihre zivilen Massenmorde wie die Amalgamierung von Krieg und Massenvernichtung, der Vernichtungskrieg, wie er von der deutschen Wehrmacht im Osten geführt wurde. Es war ein Krieg, der sich von vornherein gegen die gesamte Bevölkerung richtete und nicht gegen eine gegnerische Armee. Dort war die Ausrottung der Juden nicht die Aufgabe eines Besatzungs- oder Kollaborationsregimes, das die Deportationen in die Vernichtungslager organisierte, sondern Teil des kriegerischen Vormarsches selbst, genauso wie die Dezimierung der nichtjüdischen, aber als asiatisch ebenfalls zur Untermenschenkategorie gehörenden Bevölkerung von Rußland, Weißrußland und der Ukraine.

Dieser Krieg war ein Rassenkrieg und ein Vernichtungskrieg – die deutsche Generalität selbst hat das deutlich genug ausgesprochen. Die Möglichkeit, den Krieg auf, wenn man so will, normale Weise und vielleicht erfolgreicher zu führen, indem man loyale Quislingregime installierte, schlug man damit faktisch aus. Dabei wäre das in einigen Teilen der Sowjetunion durchaus möglich gewesen: dort, wo die Bevölkerung unter der stalinistischen Kollektivierungs- und Hungerpolitik sowie unter den Säuberungen derart gelitten hatte, daß weite Teile – zumal ihrerseits antisemitisch gesonnene – das Regime Hitlers dem Stalins so lange meinten vorziehen zu sollen, bis sie merkten, daß die Deutschen sich noch fürchterlicher aufführten, als es die Propaganda Stalins, der man Grund hatte, kein Wort mehr zu glauben, behauptete.

Hier bekommt die destruktive Energie des nationalsozialistischen Deutschland einen selbstdestruktiven Zug; hier zeigt sich, daß die Frage, was geschehen wäre, wenn die Nazis den Krieg gewonnen hätten, müßig ist; und hier liegt die Wahrheit des Emigrantenwitzes vom Wunderrabbi im KZ Theresienstadt, den Hitler heimlich befragen läßt, wer den Krieg gewinnen werde, und der ausrichtet, man brauche nur eine Münze zu werfen: bei »Kopf« siege Amerika, bei »Zahl« die Sowjetunion, und wenn die Münze auf der Kante stehenbleibe, Frankreich. »Vielleicht aber tut Gott ein Wunder, und die Münze bleibt in der Luft hängen: dann siegt die Tschechoslowakei.« Mit den Worten Adornos: »Während sie alles gewannen, wüteten sie schon als die, welche nichts zu verlieren haben.«[10]

Ich will das nicht mystifizieren und verzichte darum auf Vokabeln wie »innerer Zug zur Selbstdestruktion«. Ich weise nur auf mehr oder weniger absehbare Folgen einer Praxis hin, die es uns erschweren, bestimmte Züge

10 Adorno (s. Anm. 2), S. 116.

des Nationalsozialismus mit den Kriterien politischer Rationalität zu fassen, die wir für selbstverständlich halten. Dem widerspricht nicht, daß diverse, uns durchaus geläufige Teilrationalitäten, allen voran ökonomische, sich bestens in den nationalsozialistischen Bezugsrahmen integrieren konnten. Das aber verweist uns auf den eminent pragmatischen Zug, der diesen Bezugsrahmen auszeichnete, und führt uns ab von der Vorstellung, hier etwas wie einen Idealismus des Bösen am Werke zu sehen.

Überhaupt hat man viel zu sehr dazu geneigt, das Moment der Ideologie im Nationalsozialismus zu überschätzen, und dabei oft den ungeheuer beliebigen Zug übersehen, den das eklektizistische Patchwork der sogenannten Weltanschauung auszeichnete. Auch hier haben wir einen signifikanten Unterschied zum System Stalins, das in frappierender Weise nach einem kirchlichen Schema eingerichtet war: mit Gottheiten (Marx und Engels), einem vergötterten Religionsstifter (Lenin) und einem unfehlbaren Ausleger der Schrift (Stalin). Politische Maßnahmen, jedenfalls solche größeren Stils, bedurften immer des Rückbezugs auf das ideologische Gesamtsystem. Nichts auch nur annähernd Vergleichbares gab es im Nationalsozialismus, der sich keinen einzigen repräsentativen Intellektuellen leistete, obwohl es an Angeboten ja nicht fehlte – von Carl Schmitt über Gottfried Benn bis zu Martin Heidegger. Sie alle wurden ein Stück weit mitgenommen, aber mißtrauisch betrachtet. Der Parteiphilosoph Rosenberg galt nichts bei seinen Leuten.

Und schließlich lehnte Hitler Bestrebungen, die Weltanschauung des Nationalsozialismus zu systematisieren, entschieden ab, ebenso wie den Versuch seines Innenministers Frick, das 1937 ablaufende Ermächtigungsgesetz durch ein »Gesetz über die Reichsgesetzgebung« zu ersetzen. Auch sollte sich Hitlers Führerrolle nicht aus seiner Rolle als Parteiführer ableiten. Der sogenannte Führerstaat Hitlers – jedenfalls seine intendierte Realität – läßt sich am besten erfassen mit dem, was Max Weber »charismatische Herrschaft« nennt. Dieser Vorschlag ist schon öfter gemacht worden, etwa von Martin Broszat oder Ian Kershaw, aber keiner von ihnen hat meines Erachtens deutlich gemacht, wie wichtig diese Art antipolitischer Selbstorganisation für die nach außen mörderische, nach innen zunächst zusammenhaltende, dann im Endeffekt selbstdestruktive Dynamik der nationalsozialistischen Volksgemeinschaft gewesen ist.

Wenn man die politische Dynamik dieser Herrschaftsform versteht, gewinnt man auch einen Blick für den erwähnten selbstdestruktiven Zug, oder, wenn man es anders ausdrücken will, für jene sich so signifikant von dem, was uns als politische Rationalität geläufig ist, unterscheidende Prioritätensetzung des Nationalsozialismus.

Weber unterscheidet charismatische Herrschaft von legaler einerseits und traditionaler andererseits. Bedeutsam an dieser Unterscheidung ist, daß charismatische Herrschaft im wesentlichen in der permanenten Demonstration dieser Unterscheidung besteht – sie ist nicht nur nichttraditional und nichtinstitutionell, sondern antitraditional und antiinstitutionell. Legale Herrschaft begründet ihre Legitimität durch Institutionen und gesetzlich vorgeschriebene Verfahren, traditionale durch Traditionen des Hergebrachten. Hitlers Abneigung gegen festgeschriebene Ideologien oder die Partei als den Füh-

rerwillen legitimierende Instanz zeigt den antitraditionalen und antiinstitutionellen Zug bereits in nuce.

Charismatische Herrschaft ist eine direkte Führer-Ge-
folgschafts-Beziehung, die, im idealtypischen Falle,
nichts außer dieser kennt. Der Führer ist der Führer, weil
er der Führer ist, nicht weil er irgend etwas repräsentierte
(außer, natürlich, das gesamte Volk oder eine beliebige
abstrakte Größe, etwa die Vorsehung).

Max Weber weist nun auf einen interessanten Umstand
hin – die Verwobenheit von charismatischer Diktatur mit
basisdemokratischen Elementen:

> Das seinem primären Sinn nach autoritär gedeutete
> charismatische Legitimitätsprinzip kann antiautori-
> tär umgedeutet werden. Die tatsächliche Geltung
> der charismatischen Herrschaft ruht auf [der] An-
> erkennung der konkreten Person als der charisma-
> tisch qualifizierten und bewährten durch die Be-
> herrschten. Nach der genuinen Auffassung des
> Charisma wird diese Anschauung dem legitimen,
> weil qualifizierten Prätendenten geschuldet. Dieses
> Verhältnis kann indessen leicht dahin umgedeutet
> werden: daß die freie Anerkennung durch die Be-
> herrschten ihrerseits die Voraussetzung der Legiti-
> mität und ihre Grundlage sei [...]. Dann wird die
> Anerkennung zur »Wahl« und der kraft eigenem
> Charisma legitimierte Herr zu einem Gewalthaber
> von Gnaden der Beherrschten und kraft Mandats
> [...]. Der Unterschied zwischen einem gewählten
> Führer und einem gewählten Beamten bleibt dann
> lediglich ein solcher des Sinnes, den der Gewählte
> selbst seinem Verhalten gibt und [...] gegenüber

dem Stab und den Beherrschten zu geben vermag
[...].[11]

Nun gibt es eine reine charismatische Herrschaft
wahrscheinlich nur an Bord eines Piratenschiffes[12], aber
das ändert nichts an der Tatsache, daß die antiinstitutionellen und antitraditionalen Elemente des Ideals charismatischer Herrschaft auch in einem komplexen Staats-
wesen virulent werden können.

Sie konnten im Nationalsozialismus zum Beispiel selber institutionalisiert sein durch das Element der »Führererlasse«, also den Zugriff auf dem Verordnungswege
an den fortbestehenden Instanzen vorbei oder durch sie
hindurch. Diese Führererlasse konnten einerseits rechts-
ändernde Kraft haben, durften aber andererseits nicht
veröffentlicht werden, weshalb Richter gezwungen waren, dem geschriebenen Recht zuwiderlaufende Urteile
zu fällen, ohne dies legitimieren zu können. Das bedeutet
natürlich nicht, daß das ganze Rechtssystem instrumen-
talisiert wurde, in vielen Bereichen existierte die bürger-
lich-institutionelle Ordnung unverändert weiter; das
hieß auch nicht, daß die Bedeutung detaillierter Gesetzgebung und eines gewissenhaften Verordnungswesens
unterschätzt wurde – im Gegenteil: Die Nürnberger Ras-
segesetze schafften ja jene Willkürsicherheit, die dem Regime die Loyalität eintrug, die es brauchte. Aber alle diese Institutionen standen zur Disposition, und dadurch

---

11 Max Weber, *Die drei reinen Typen der legitimen Herrschaft*, in: M.
   W., *Methodologische Schriften*, mit einer Einf. bes. von Johannes
   Winckelmann, Frankfurt a. M. 1968, S. 227 f.
12 R. L. Stevenson gibt in seiner Gestalt des Long John Silver in der
   Schatzinsel eine gute Studie der Probleme charismatischer Herrschaft.

transformierte sich auch Rechtssicherheit von einer Garantie zu einem gewährten Privileg.[13]

Besonders grotesk zeigte sich das Neben- und Durcheinander von Gesetzen, Verordnungen und Willkür in den Konzentrationslagern. Es gab immer peinlich genaue Vorschriften über zulässige und unzulässige Strafen und Strafanlässe, die nie außer Kraft gesetzt wurden, sie koexistierten aber stets mit einer vollständigen Willkür der Gewaltpraxis in den Lagern. Die Realität eines Schlachthauses vertrug sich mit einer Vorschriftenlage, die besagte, daß Prügelstrafen an weiblichen Häftlingen von Himmler persönlich und schriftlich zu genehmigen seien. Diese Verfassung der Lager erlaubte es der SS-Führung, hier ihren Leuten freie Hand zu lassen und dort Disziplinarverfahren durchzuführen, je nachdem, wie sie es für richtig hielt. Hier konnte ein Lagerkommandant foltern, morden und sich bereichern, dort konnte ein anderer wegen derselben Taten getadelt, versetzt, bestraft, sogar hingerichtet werden.

Auch die SS hielt nicht eine definierte Rolle im nationalsozialistischen Staat und noch weniger eine gemeinsame Ideologie zusammen, als vielmehr eine gemeinsame Praxis und das Gemeinschaftsgefühl, eine Elite zu sein. Das aber ist charakteristisch nicht für eine Institution, sondern für eine Bande. Die von Max Weber angespro-

---

13 Einen interessanten Fall teilt Raul Hilberg mit. Die Anordnung, daß Führerscheine von Juden ungültig seien, ließ Himmler in der Tagespresse mitteilen. Auf eine Beschwerde hin, daß die Verordnung nur in der Presse, nicht aber im Reichsgesetzblatt veröffentlicht worden sei, ferner für eine solche Verordnung das Verkehrsministerium zuständig sei, entschied das Reichsgericht, daß, wenn der Reichsführer-SS eine solche Verordnung bekanntgebe, ohne daß das Verkehrsministerium protestiere, sie Gesetzeskraft habe.

chene Rolle des charismatischen Führers ist die des
Bandenchefs. Viele der Entscheidungen Himmlers sind
dadurch motiviert, seine Leute bei Laune zu halten. Es
werden manchmal SS-Männer zu KZ-Kommandanten
gemacht, bloß weil man keinen anderen Job für sie findet,
weil sie bei einer Frühpensionierung zuwenig Rente be-
kämen, weil sie für jede andere Arbeit unqualifiziert, aber
schon seit den zwanziger Jahren dabei sind.[14]

Aber es gibt auch einige direkt plebiszitäre Elemente
im Nationalsozialismus. So ist die Bücherverbrennung
des Jahres 1933 keine von oben verordnete Angele-
genheit, sondern eine studentische Initiative revolutio-
när-demokratischer Tradition, mit Anspielung auf die
Bücherverbrennung auf der Wartburg 1817.[15] Hans
Mommsen spricht von einem immer wieder zu beobach-
tenden »Vorpreschen der Basis«, dem die politische Führung folgt und Form gibt. Charismatische Herrschaft
entwirft von sich das Bild eines Handelns aus gemeinsa-
mem Geiste. »Wir suchen eine Bindung«, schrieb Carl
Schmitt,

> die zuverlässiger, lebendiger und tiefer ist als die
> trügerische Bindung an die verdrehbaren Buchsta-
> ben von tausend Gesetzesparagraphen. Wo anders
> könnte sie liegen als in uns selbst und unserer eige-
> nen Art? Auch hier […] münden alle Fragen und
> Antworten in dem Erfordernis einer Artgleichheit,

14 Segev (s. Anm. 1), S. 153 ff.
15 Vgl. Jan Philipp Reemtsma, »Wo man Menschen verbrennt, verbrennt
   man auch Bücher«, in: *Hamburger Ziegel, Jahrbuch für Literatur* 2
   (1993/94), S. 518 ff.

ohne die ein totaler Führerstaat nicht einen Tag bestehen kann.[16]

Wir hören hier das Leitmotiv der ethnisch homogenisierten und politikfreien Volksgemeinschaft, mit der die Idee des Führerstaats ineins gesetzt wird.

In der Rede von den beliebig verdrehbaren Buchstaben wird aber noch eine Eigenschaft der charismatischen Herrschaft deutlich: Sie kann sich nur beweisen, indem sie gegen die Merkmale anderer Herrschaftsweisen verstößt. Daß einer wirklich im Geiste des Führers handelt, zeigt er am sichersten, indem er gegen Tradition und Satzung verstößt. Hier zeigt sich der Hang der nationalsozialistischen Rhetorik und Praxis zur »radikalen Lösung«, zum »Fanatismus«, zum »Eiskaltsein«, zur »Rücksichtslosigkeit«, zur Abrechnung mit dem, »was bloß auf dem Papier steht«.

Der Nationalsozialismus war so autoritär wie antiautoritär, er liebte seine Archaismen, wenn sie gegen Traditionen ins Feld geführt werden konnten. Und vor allem liebte er die Gewalt, denn die gewaltsame Lösung eines Problems, der rücksichtslose Zugriff ohne langes Fakkeln, verbürgte die Unkonventionalität, die sich um Gesetz und Herkommen nicht schert und den getreuen Vollzug des Führerwillens und den gemeinsamen Geist beweist, indem er keine anderen, also eigentlich keine Rücksichten nimmt. »Der Nazi« war kein folgsamer Untertan, sondern ein kreativer Barbar, der seine Barbarei als Ausweis seiner Kreativität und umgekehrt ansah – ob

16 Carl Schmitt, *Staat: Bewegung, Volk. Die Dreigliederung der politischen Einheit*, 2. Aufl., Hamburg 1933, S. 45.

er nun ein Wehrwirtschaftsführer war, der Skizzen von
territorialen Neuordnungen entwarf, oder ein SS-Mann,
der sich in der Kantine rühmte, herausgefunden zu haben, daß es effektiver sei, Häftlinge mit dem Kopf in einen Wassereimer zu stecken, als nur auf sie einzuschla-
gen.[17]

Die Frage, ob der Massenmord an den europäischen
Juden angeordnet war oder ein Ergebnis einer sich selbst
radikalisierenden Maßnahmenpolitik, ist wie viele andere
dichotomischen Probleme, in denen die Geschichtsschreibung des Nationalsozialismus sich immer wieder
verstrickt, ein Scheinproblem. Er war beides. Im Modell
charismatischer Herrschaft tendieren Befehl und Freie-
Bahn-Geben dazu, eins zu werden; jedes Problem, das
eine »radikale Maßnahme« zur Folge hatte, wurde durch
die nächste beantwortet. Befehl und Ausführung, Inten-
tion und stufenweise Realisierung wuchsen zusammen.

Charismatische Herrschaft mit ihren autoritären wie
antiautoritären, antitraditionalen und antiinstitutionellen
Komponenten sowie ihrer Tendenz zur Rücksichtslosigkeit und Gewalt, zusammen mit der fixen Idee einer ethnisch homogenisierten, vor der Gefahr von Politik und
Dissens bewahrten und auf wechselseitige Loyalität ein-
geschworenen Gemeinschaft: das wäre das nationalsozialistische Deutschland gewesen?

Sagen wir so: So gut es in turbulenten zwölf Jahren
denn geht, und daran gemessen ging es erschreckend rei-
bungslos. Es handelt sich um die tendenzielle Verwand-
lung eines institutionell gegliederten und differenzierten
Nationalstaates in eine Bande, der es gelang, divergieren-

17 Segev (s. Anm. 1), S. 41.

de Interessengruppen – Unternehmerverbände, Gewerkschaften, Wehrmacht, Beamtenschaft, Universitäten, Kirchen und so weiter – einzubinden, sehr oft durch Korruption und eine Pfründe versprechende, aggressive Außenpolitik. Aber Korruption ist eigentlich das falsche Wort. Im Grunde ging es um die Eröffnung einer Chance, das, was man schon immer getan hatte oder tun wollte, effizienter, profitabler, abenteuerlicher, rücksichtsloser, brutaler zu tun.

Daß die Volksgemeinschaft ihren Mitgliedern diese Chance bot und dabei über den Leichen ihrer Opfer selber zugrunde ging, kann man als zwei Seiten derselben Medaille verstehen. Die Interessen der Komponenten der Volksgemeinschaft wurden so gut bedient (und die Minderheit der Nichtzugehörigen so effektiv ausgeschaltet), daß sich keine Gruppe im eigenen Interesse zum Sprachrohr des gefährdeten Ganzen machte. Erst als es zu spät war, befahl Himmler, die Vergasungen einzustellen und zu sondieren, ob die westlichen Alliierten Interesse an einem Pakt mit der SS gegen die Sowjetunion hätten. Etwas erfolgreicher waren die Kontakte von Teilen der deutschen Wirtschaft, die zurecht hoffen konnten, eine militärische Niederlage besser überstehen zu können als der Reichsführer-SS.

Insgesamt aber beruht die zum Ende so irritierende scheinbare Irrationalität und die Selbstdestruktivität des nationalsozialistischen Deutschland auf seiner völkischen Erfolgsgemeinschaft, aus der nur um den Preis des eigenen Nachteils auszubrechen war. Die einen, die aus ihr wenig mehr als das phantasmatische Einheitsgefühl zogen, meinten, mit ihr untergehen zu müssen, weil sie ohne sie untergehen würden, die anderen, für die mehr herausgesprungen war, daß sie ihren Untergang mitsamt wenigstens einem Teil dessen, was sie durch sie hatten einheimsen können, überleben würden. Schließlich aber schloß alle zusammen, was einer jeden Bande das Gefühl gibt, auf Gedeih und Verderb zusammenzugehören, die Komplizenschaft, denn, wie Hilberg schreibt, der Vernichtungsprozeß habe nur zum Erfolg führen können, »weil alle möglichen Fachleute ihre Ideen und Kenntnisse dazu beigetragen hatten«, weil sie »denkende Menschen gewesen waren; und vor allem, (weil) sie verfügbar blieben, also weder ihren Dienst quittiert, noch Maßnahmen der Verwaltung behindert hatten« – es war eine »allumfassende Bereitschaft«[18] zum Mittun und bei allen anderen zum Zu- oder Wegsehen.

Es ist eben *kein* Widerspruch vorhanden zwischen dem Willen, bis zur letzten Patrone und um jeden Meter Boden zu kämpfen, der Tatsache, daß die deutschen Rüstungsanstrengungen ihren Höhepunkt erreichten, als der Krieg für alle sichtbar schon verloren ist, und der behaupteten Selbstdestruktivität des Kollektivs, das durch diesen Willen und diese Anstrengung geeint ist. Das eine folgt aus dem anderen und daraus, daß das Phantasma der völkischen Einheit durch eine Massenvernichtung von Menschen begründet wurde, bei der nur einige die Exekutoren, fast alle aber Mitwisser und Komplizen waren.

Wenige, so sagte Hannah Arendt einmal, haben alles gewußt, aber jeder hat irgend etwas gewußt – und solche Transformation von Staatlichkeit ins Bandenförmige führt dazu, daß die nationalsozialistische Volksgemein-

---

18 Raul Hilberg, *Unerbetene Erinnerung. Der Weg eines Holocaust-Forschers*, Frankfurt a. M. 1994, S. 108.

schaft als Fremdkörper in der Moderne wirkt, die nicht zuletzt mit Formung und Aufstieg des modernen Staates assoziiert wird. Man vergißt darüber aber leicht, daß der Nationalsozialismus – in etwas wie einer negativen Auslese – viele Momente der Moderne zusammenfassen und so für vieles Akzeptanz schaffen und das »Wir sind die neue Zeit« mit Plausibilität versehen konnte: die Fundierung dessen, was man zuvor Vorurteil genannt hätte, durch etwas, das man Wissenschaft nannte, die Utopie einer Gesellschaft im Konsens, die rücksichtslose Ablehnung alles Hergebrachten, die Ermutigung, unkonventionell und kreativ zu sein.

»Wie konnte das alles geschehen?« So. So, wie es eben geschehen ist. Das und nichts anderes hieße wohlverstanden Historisierung. Und wäre sonst noch etwas zu fragen, außer in dieses Schema, das zeigt, wie der Zivilisationsbruch möglich wurde, im Detail einzutragen, wie er Wirklichkeit wurde? Im Grunde nur für den Religiösen, der hinter den Tatsachen eine Instanz vermutet, die er befragen kann, wie sie es zulassen konnte. Auch die Frage nach der Moderne kann einen solchen religiösen Zug bekommen, wenn ihr Unterton ist: Wie es die Moderne erlauben konnte, daß sie ein solches Gesicht annahm. Ohne Religion bleibt man mit der Frage, warum die Welt nicht eingestürzt sei, allein – allenfalls sollte man sich klarmachen, daß sie, zu Teilen wenigstens, eingestürzt ist.

Raul Hilberg berichtet in seinem Buch *Täter, Opfer, Zuschauer* dieses: Im Herbst des Jahres 1942 standen eine Mutter und ihre Tochter vor einer mit Leichen gefüllten Grube. Ein deutscher Soldat kam auf sie zu und fragte die

Mutter: Wen soll ich zuerst erschießen? Sie schwieg, er riß ihr das Kind aus den Armen. Es schrie und wurde erschossen. Dann schoß er auf die Mutter. – Daß sie überlebte und die Geschichte erzählen konnte, war Zufall.

Der deutsche Soldat hatte gefragt. Die Mutter hatte geschwiegen. Sie hätte sagen können: Das Kind. Das Kind hätte es gehört und wäre erschossen worden. Dann die Mutter. Sie hätte sagen können: Mich. Sie wäre erschossen worden. Das Kind hätte es gesehen und wäre dann erschossen worden. Die Mutter schwieg, der deutsche Soldat riß ihr das Kind aus den Armen. Es schrie und wurde erschossen. Dann die Mutter.

Es sind solche, wie Hannah Arendt sagte, »Anekdoten«, in denen wir »Momente der Wahrheit finden« können und in äußerster Kürze erkennen, »worum es eigentlich ging«.[19] Es sind diese Szenen, in denen wir fühlen, daß die Welt, zu Teilen wenigstens, eingestürzt ist, und die uns in Erinnerung halten sollten, daß die unbeschreibliche Gleichförmigkeit des Grauens von Auschwitz, Treblinka, Sobibor, Babi Jar, Belaja Zerkow durch den perspektivischen Abstand so gleichförmig ist, der uns zwingt, das Morden durch die Augen der Täter zu betrachten, vor denen die Opfer, wie Franz Stangl, der Kommandant von Treblinka, es ausdrückte, nur eine »Masse« waren:

Ich sah sie kaum als einzelne. Sie waren immer eine riesige Masse. Manchmal stand ich auf dem Erdwall und beobachtete sie auf ihrem Weg durch den

19 Hannah Arendt, »Der Auschwitz-Prozeß«, in: H. A., *Nach Auschwitz*, Berlin 1989, S. 135.

›Schlauch‹. Aber – wie soll ich es Ihnen erklären – sie waren nackt, zusammengepfercht; sie rannten, von Peitschen angetrieben, wie ...[20]

Aber es ist eben nicht nur die Distanz, sondern auch die Notwendigkeit, daß wir, wenn wir begreifen wollen, wie das Extrem des Grauens zur Normalität werden konnte, durch die Augen jener sehen, für die es Normalität wurde, und zudem erschließt sich die Besonderheit des Verbrechens gerade dem Blick, der von den Besonderheiten absieht.

So wird die historische Wahrheit der menschlichen Wahrheit, die allein in der Besonderheit bewahrt bleibt, entgegengesetzt. Das ist die geschichtsphilosophische Lektion des Nationalsozialismus. Man liest mit Entsetzen, wie der 1947 in Polen freigesprochene, von Januar 1944 an in Auschwitz im Hygiene-Institut arbeitende SS-Arzt Dr. Münch, heute Landarzt im Allgäu, in einem von Bernhard Frankfurter arrangierten und dokumentierten Gespräch mit Dagmar Ostermann, einem ehemaligen Häftling von Auschwitz, in furchtbar belehrender Weise recht behält: »Sie waren doch kein Mensch, nicht wahr, das waren Sie doch nicht in dem Sinn. Sie waren eine Nummer«[21], und auf der Höhe der intellektuellen Einsicht Ostermanns Bestehen auf den Wörtern »unmenschlich« oder »Greuel« mit dem Hinweis bescheidet, mit solchen konventionellen Wörtern sei das Entsetzliche nicht zu fassen.

20 Gitta Sereny, *Am Abgrund. Gespräche mit dem Henker. Franz Stangl und die Morde von Treblinka,* München/Zürich 1995, S. 237.
21 Bernhard Frankfurter (Hrsg.), *Die Begegnung. Auschwitz – Ein Opfer und ein Täter im Gespräch,* Wien 1995, S. 58.

Die Perspektive mit den Tätern zu teilen – aus dieser Situation kann sich die historische, die sozialwissenschaftliche Analyse nie ganz befreien. Ebensowenig wie das Deutschland nach 1945 das kann.

Ich meine damit nicht in erster Linie die krassen Fälle, die schleswig-holsteinischen Beamten, die den Arzt Dr. Fritz Sawade deckten, obwohl sie wußten, daß er der Massenmörder Werner Heyde war; diejenigen, die wußten oder ahnten, daß der Förster Karl Neumann früher Richard Baer geheißen hatte und der letzte Kommandant von Auschwitz gewesen war; diejenigen an der Universität Aachen, die wußten, daß Hans Schwerte Schneider war; nicht den Vorsitzenden der »Gesellschaft für bedrohte Völker«, meinen Vetter Tilman Zülch, der die Identität seines Beiratsmitgliedes Peter Grubbe alias Klaus Volkmann für nicht erwähnenswert hielt, allenfalls vielleicht für etwas peinlich; nicht alle jene Staatsanwälte, denen Jean Amérys Mitteilung des Namens seines Folterers im Polizeihaftlager Breendonk in Belgien (»Warum soll ich eigentlich seinen Namen verschweigen, der mir später so geläufig wurde? Es geht ihm vielleicht gut zur Stunde, und er fühlt sich wohl in seiner gesund geröteten Haut, wenn er vom Sonntagsausflug im Auto heimkehrt [...]. Der Herr Leutnant, der hier die Rolle eines Spezialisten für Folterungen spielte, hieß Praust – P-R-A-U-S-T«[22]) keine Ermittlung wert war – alle die meine ich nicht in erster Linie, weil sie im Grunde nur den Grundkonsens unserer Gesellschaft in für seine Bewahrung etwas zu krasser Weise demonstrieren.

22 Jean Améry, *Jenseits von Schuld und Sühne*, Stuttgart 1980, S. 62.

Ich meine den Umstand, daß unsere Gesellschaft einen Aspekt der NS-Gesellschaft reproduzieren muß, um sich zu demonstrieren, daß sie von ihr getrennt ist. Sosehr die nationalsozialistische Volksgemeinschaft zur Bande sich transformierte, so sehr mußte sie doch neben ihrer Realität das Bild ihrer historischen Normalität bewahren. Sei es in der Kriegs- wie Nachkriegsphrase, daß die andern auch nicht besser seien, sei es in der Prätention der in Nürnberg Angeklagten, Staatsmänner zu sein, die Robert Ley vor seinem Selbstmord in diese Worte faßte:

Stellt uns an die Wand und erschießt uns! – Alles schön und gut – Ihr seid die Sieger. Aber warum soll ich vor einen Gerichtshof geschleppt werden wie ein V…, V…, wie ein V…, V… Ja, ich kann das Wort nicht einmal aussprechen.[23]

Oder wie diejenigen, die auf Walter Kempowskis Umfrage, ob sie von den Lagern gewußt hätten, mit einem klaren »Nein« antworteten, und dann erzählten, sie hätten sich darüber unterhalten, daß die Juden nun alle in Dachau seien. »Der Gedanke«, schrieb Adorno 1944,

daß nach diesem Krieg das Leben ›normal‹ weitergehen […] könnte […], ist idiotisch. Millionen Juden sind ermordet worden, und das soll ein Zwischenspiel sein und nicht die Katastrophe selbst. Worauf wartet diese Kultur eigentlich noch?[24]

---

23 G. M. Gilbert, *Nürnberger Tagebuch*, Frankfurt a. M. 1982, S. 13.
24 Adorno (s. Anm. 2), Bd. 4, Frankfurt a. M. 1980, S. 61.

Es ist normal weitergegangen, durch bloßes Insistieren
darauf, die Katastrophe sei eben bloß eine Ausnahme gewesen, und durch die gleichzeitige Integration der Katastrophe in den Alltag.

Das Extrem kann in die Normalität integriert werden,
indem man darauf besteht, die Normalität sei nicht außer
Kraft gesetzt. Die Volksgemeinschaft betrachtet sich mit
den Augen des Sozialwissenschaftlers und fragt, wie es
dazu kommt. Sie muß Probleme lösen. A führt zu B; und
weil X, so Y.

Dr. Münch, der bekennt und den ehemaligen Häftling
Dagmar Ostermann belehrt, daß keine Wörter an das
Grauen von Auschwitz heranreichen, schon gar nicht
»unmenschlich«, mit dem man schließlich alles mögliche
bezeichnen könne, wird redselig, wenn er in einem anderen Gespräch befragt wird, und die Wörter »Manage-
ment« und »Sachzwang« fallen:

Die Vernichtungslager im Osten, die vorher die
Hauptarbeit gemacht haben, wurden ja geschlos-
sen. Auschwitz mußte ja erst installiert werden.
Das war ja nur für den Hausgebrauch. Die Krema-
torien mußten alles übernehmen, was im Osten
ausgefallen war. Diese ganzen Kapazitäten mußten
übernommen werden. Das Warschauer Ghetto und
so weiter, das wurde alles noch im Osten verarbei-
tet. Was dann kam, mußte natürlich … Kein
Mensch hat doch in Auschwitz gewußt, wie man
so einen Scheiterhaufen macht … Da war die Frage, wie groß man das macht, was man für ein
Brennmaterial hineintut. Und wenn's erst mal
brennt, dann ist es gut. Aber da muß erst der rich-

tige Wind von unten kommen, der Graben muß
richtig konstruiert sein. Das war eine Technik, und
das war das Problem.

Und auf die Frage, ob er da nicht Parallelen zur heuti-
gen Gesellschaft sehe, denn hier gebe es doch auch Sach-
zwänge, fügt er hinzu:

> Das ist nicht anders als wie in Auschwitz. Das
> klingt sehr komisch, aber ich sehe da gar keinen
> Unterschied. Mir fällt nur im Moment kein Bei-
> spiel ein ...[25]

Es fällt ihm zwar kein Beispiel ein, aber er hat über seinem Gerede vergessen, daß der Unterschied zwischen
einem angeblichen Sachzwang in einem Menschen-
schlachthaus und einem Sachzwang anderswo möglicherweise einer ums Ganze der Zivilisation ist, und daß
er diesen Unterschied so leicht übersieht, nennt er »ko-
misch«.

Das offenbare Geheimnis der Existenz dieses ehemaligen SS-Arztes ist, daß er in Auschwitz wie in seinen
Berichten über seine Zeit dort das Entsetzliche vom
Mitteilbaren abspaltet. Wenn Münch hier versucht,
plausibel zu machen, wie das Extrem normal sein kann,
tut er das, was der Sozialwissenschaftler auf Zeit auch
tun muß und was die Gesellschaft der Bundesrepublik
Deutschland tat, um zu jener Normalität zu gelangen,
die wir täglich vor Augen haben. Diese Spaltung ist ein
Erfolgsrezept gewesen, gleichwohl hat es sich mit ihr so

25 Frankfurter (s. Anm. 21), S. 120.

ganz glatt nicht leben können, jedenfalls nicht von jedem und allerorten.

Die Frage: »Wie konnte es dazu kommen?« ist dafür ein Indikator. Einerseits fordert sie jene Erklärung ein, die das Entsetzen neutralisiert, weil ich mit ihr vor Augen sehe, daß es mit schrecklichen, aber doch irgendwie mit rechten Dingen zuging, und daß das Entsetzliche von dieser Welt war. Andererseits besteht das Entsetzliche genau darin. Einerseits soll das Unerklärliche erklärt werden, andererseits sieht sich jeder Erklärungsversuch dem Vorwurf der Verharmlosung ausgesetzt.

Die Geschichtsschreibung und die Sozialwissenschaften sind einem widersprüchlichen Auftrag ausgesetzt: Sie sollen erklären und für unerklärlich erklären, sie sollen das Entsetzen mildern und doch nicht verharmlosen, sie sollen wissenschaftlich sein und einem Gefühl den adäquaten Resonanzraum geben, was eine ästhetische Anforderung ist. Es läßt sich nicht umgehen: Etwas verstehen heißt durchaus nicht, es zu verzeihen, aber doch eine gedankliche Brücke zu konstruieren, die von hier nach dort und zurück begangen werden kann. Die Frage: »Wie konnte es dazu kommen?« beharrt in dem in ihr zur Floskel gewordenen Schrecken aber darauf, daß diese Brücke nicht einfach rekonstruierbar sei – gerade darum fragt sie so insistent. Wenn man auf diese Frage antwortet, verfehlt man den in ihr aufbewahrten Wunsch, unbeantwortbar zu sein.

»Wie konnte es dazu kommen?« heißt: Wie kann etwas in der Welt sein, das nicht von dieser Welt sein darf?, und die Antwort, die die Geschichtsschreibung und die Sozialwissenschaften geben können, ist, nur zu zeigen, daß es in der Welt ist. Weil es der Fall gewesen ist, ist es möglich gewesen, und auf die Frage, wie es dazu gekommen ist, kann man nichts weiter antworten als zu zeigen, wie es dazu gekommen ist.

Christoph Martin Wieland hat, ähnlich wie David Hume oder Pierre Bayle vor ihm, die Geschichte der menschlichen Bosheit, Niedertracht und Grausamkeit den Stoff zu einem »ungeheuern Geschichtsbuche« genannt, »welches zu lesen nur die größten Verbrecher verdammt zu werden verdienen können«.[26] Ich glaube nicht, daß die uns so quälende Frage, wie es zu einer historischen Katastrophe kommen konnte, so neu ist. Ich glaube, daß es neu ist, daß sie uns so quält. Ich glaube, daß das daran liegt, daß wir uns von dieser Katastrophe nicht distanzieren können, sosehr wir – soll heißen: der alltägliche Gang der Dinge und die Gesten der Politik – stets Distanz zu halten suchen.

Das hat einmal seinen Grund in einer Eigenschaft der Moderne, die wir, weil wir an sie gewöhnt sind, gerne übersehen. Die Neuzeit hat zwei Versuche zur partiellen Demilitarisierung der Gesellschaft gesehen: die Epoche der Kabinettskriege nach dem Dreißigjährigen Krieg und die multilateralen Abrüstungen nach dem Wiener Kongreß. Folgenreicher aber war ihr Zug zur Militarisierung der Gesellschaft – zunächst in den Massenheeren infolge der Französischen Revolution, dann in der allseitigen europäischen Aufrüstung bis zum Ausbruch des Ersten Weltkrieges.[27] Ab 1914 führten nicht nur Heere, sondern Gesellschaften Krieg, und seit der Ausblutungsschlacht

---

26 Christoph Martin Wieland, *Der Goldne Spiegel oder Die Geschichte der Könige von Scheschian*, in: Ch. M. W., *Sämmtliche Werke*, Bd. 6, Leipzig 1794, S. 296.
27 Vgl. John Keegan, *Die Kultur des Krieges*, Berlin 1995.

von Verdun ging diese Tatsache in die strategische
Kriegsplanung ein. Massenheere und politische Massen-
organisationen machen den Jedermann mindestens zum
potentiellen Komplizen der Staatsverbrechen – er ist
nicht mehr vor allem Opfer, sondern in ungleich größe-
rem Maße als je Mittäter.

Und darum glaube ich, daß die Frage im Grunde anders lautet: Wir fragen nicht danach, wie die Welt einstür-
zen konnte, sondern wir fragen, warum wir das einerseits
wissen, andererseits aber nichts davon zu sehen ist, obwohl doch eine große kollektive Anstrengung dahin geführt hat. Wir fragen nach dem harmlosen Förster Neumann, nach dem linksliberalen Rektor Schwerte, nach
dem Versicherungsarzt Sawade, dem für die Belange der
Dritten Welt so engagierten Journalisten Peter Grubbe,
nach unseren Nachbarn, Bekannten, Freunden, Onkeln,
Vätern, Großvätern wie die vielen, die nur deshalb die
Ausstellung des Hamburger Instituts für Sozialforschung »Vernichtungskrieg. Verbrechen der Wehrmacht
1941 bis 1944« besuchen, weil sie wissen wollen, ob eines
der dort gezeigten Fotos vielleicht ihren Vater, Onkel,
Großvater zeigt. Einige haben ihn gefunden.

Die Wiedergewinnung der Normalität nach 1945 hat uns
die Notwendigkeit eingetragen, die Nähe des Entsetzli-
chen nicht nur zu dulden, sondern herzustellen, um sie
zu wissen und sie nicht zu bemerken. Die politische Dynamik der Judenvernichtung setzt sich fort: Was die
Volksgemeinschaft gemeinschaftlich beging, war nicht
allein der Menge der Opfer, sondern der Menge der Täter
und Komplizen wegen so ungeheuer, daß eine Ahndung
wiederum nur mit Methoden wie Massenhinrichtungen

und -internierungen möglich gewesen wäre. Wie sehr die Deutschen an eine solche Form der strafenden Gerechtigkeit geglaubt haben respektive glauben, zeigte sich zum Beispiel an Redereien in der Friedensbewegung von einem Atomkrieg als der jüdischen Rache für Auschwitz und in den – man lese nur die Rezensionen von Christoph Ransmayrs *Morbus Kitahara* nach – an den Namen Morgenthau geknüpften Phantasien.[28]

Die Frage nach »Nationalsozialismus und Moderne«, die Frage nach diesem so unendlich nahen Fremdkörper, ist die Frage, wie es geschehen konnte und wie es sein kann, daß uns die Mörder so nahe sind. *Die Mörder sind unter uns*, das geht als Filmtitel durch. Daß das Nachkriegsdeutschland auf einem Schindanger errichtet worden ist und daß die Mehrheit der Schinder auf ihm in Pension gegangen ist, ist eine Tatsache, die niemals ganz emotionell begriffen werden kann. »Ich kann mir nicht vorstellen«, schreibt eine Emmi Lange in einem Leserbrief auf den Vorabdruck von Robert Liftons *Ärzte im Dritten Reich* im *Spiegel*, daß

die von Ihnen erwähnten Ärzte weder in der DDR noch in der BRD nicht bestraft worden wären, wenn sie tatsächlich solche Verbrechen begangen hätten. Mehr als schleierhaft finde ich den Bericht des Juden Lifton, der sogar mit vielen Tätern und Helfern, unter ihnen 28 Ärzte, darunter SS-Angehörige, die in Auschwitz tätig waren, gesprochen haben will. Noch dazu auf Tonband.

28 Vgl. Thomas Neumann, »Der Morgenthauplan und die deutsche Literaturkritik«, in: *Mittelweg* 36 (1995), H. 6, S. 52 ff.

Sie kann es sich nicht vorstellen, also lügt der Jude Lifton.
Nur können wir es uns auch dann nicht wirklich vorstellen, wenn wir wissen, daß Lifton nur Tatsachen berichtet,
und längst nicht alle, die berichtet werden könnten. Wir
führen aus der Haut, verlören den Verstand. Das wollen
wir nicht, und also schließen wir den Kompromiß mit
den Tatsachen und delegieren unsere Gefühle an das große Erklären mit der Frage, wie es dazu kommen konnte.
So kommen wir mit der Frage zurecht, wie wir damit leben können, und gleichzeitig mit der Antwort: ganz gut.
Wir sind nicht aus der Haut gefahren und haben den Verstand nicht verloren. Wir haben mit Fragen wie der nach
dem Zusammenhang von Nationalsozialismus und Moderne unseren Verstand zu bewahren verstanden.

Aber so etwas gelingt nie ganz. Ganz wohl ist einem
nicht auf dem Schindanger und in Gesellschaft von Mördern. Die immer wieder neu psychologische Arbeiten
motivierende Frage, wie denn ein Massenmörder ein
ganz normaler Familienvater sein könne – eine Frage, die
für sich genommen albern genug ist (als würde ein Mörder zwanghaft und unterschiedslos morden) –, bedeutet
doch nur den nicht zu beruhigenden Verdacht des Fra-
gers, ob der ganz normale Familienvater vielleicht ein
Mörder gewesen ist. Ob man als Kind einen Mörder ge-
liebt habe. Ob man die Examensnote von einem Mörder
bekommen habe. Ob ein Mörder einem die lebensretten-
de Arznei verschrieben habe. Ob man von einem Mörder
die Wahrheit über die postkolonialen Greuel in Afrika
erfahren habe.

Oder der Arzt im Allgäu, Dr. Münch, der seinen Ge-
sprächspartnern trotz aller Bemühung nie klarmachen
kann, wieso er nach Auschwitz beordert worden und

dort ohne Not geblieben sei, aber demonstriert, wie
leicht es ist, sich in jene Zeiten, für die, wie er immer wieder beteuert, kein Vokabular zur Verfügung steht, zu-
rückzuversetzen. Es geht um ein Problem im Hygiene-
Institut von Auschwitz, das er – im Jahre 1994 – mit diesen Worten schildert:

Man braucht Fleisch, um Nährböden zu machen,
das ist klar. Der jeweilige Unterscharführer, der das
Fleisch aus dem Schlachthaus beschaffen mußte –
minderwertiges Fleisch, das wurde verkocht –, der
war immer unter Schwierigkeiten, genügend davon
herzubringen. Warum? Weil er wahrscheinlich
auch gemauschelt hat. Herrgott, da liegen so viele
Kadaver herum, menschliche Kadaver, da schnei-
dest du aus dem Hintern was heraus und tust es in
die Bouillon rein. Fleisch ist Fleisch. Schweinefleisch ist schlechter als Menschenfleisch, weil es
fetter ist, da muß das Fett erst herausgebracht werden, beim Menschenfleisch ist das nicht notwendig
… Der Mensch war sowieso tot. Ob der jetzt noch
sein Fleisch für die Bouillon hergegeben hat oder
nicht, das war unter dem Gesichtspunkt, wie damals gedacht wurde, nichts Besonderes. Ich sagte
mir aber: Wenn das so weitergeht, dann wird bei
uns nur noch Häftlingsfleisch verwendet, und ihr
verscheuert das andere Fleisch und sauft euch dafür
an. Das war meine Überlegung. Ich habe also mit
[dem Standortarzt, J. P. R.] Wirths telephoniert
und gesagt: »Auf die Dauer geht das nicht.«[29]

29 Frankfurter (s. Anm. 21), S. 135 f.

So leicht geht das: Herrgott, da liegen so viele Kadaver
herum, das liegt doch nahe. Aber daß ihr das andere
Fleisch verscheuert und euch dafür ansauft, das geht nicht,
jedenfalls nicht auf die Dauer. Obwohl Häftlingsfleisch
nicht so fett ist wie Schweinefleisch und darum prakti-
scher. Und der Jargon ist auch wieder auf der Zunge:
Bouillon. »Eine ganz normale deutsche Geschichte«
nannte der ehemalige Kreishauptmann in Kolomea (Gali-
zien), Volkmann/Grubbe, mitverantwortlich für einen
Massenmord, sein Leben bis 1945, und was soll man sagen.

Daß die Antworten der Historiographie und Sozialwissenschaften nicht zu befriedigen vermögen, ist ganz
gut. Das bedeutet, daß sie noch nicht in der Lage sind,
unsere Gefühle mit den Tatsachen so zu amalgamieren
wie unser sonstiges Leben. Daß mein Vater und meine
beiden Onkel für ihr Zigarettengeschäft neben allen politischen Arrangements ein persönliches getroffen hatten
– der Älteste, Hermann, ist zuständig für Technik und
Personal, der Zweitälteste, Philipp, für Marketing und
Finanzen, der dritte, Alwin, demonstriert den politischen
Konsens und geht zur SS –, wußte ich. Und doch liest es
sich übers Wissen hinaus, wenn man, wie ich kürzlich,
die Kopie eines Berichtes erhält, den der Befehlshaber
der Sicherheitspolizei Riga im Oktober 1941 verfaßt –
auch eine der Trouvaillen des Jahres 1995:

Ich bitte, dem Plan der Errichtung eines Konzentrationslagers in dem obenbeschriebenen Raum
grundsätzlich zuzustimmen. An der wirtschaftlichen Seite, insbesondere an der Inbetriebnahme
von Torf-Stechereien und Ziegeleien ist der Wirt-
schaftsreferent des Höheren SS.- und Polizeifüh-

rers, SS.-Sturmbannführer Reemtsma, stark interessiert. Ich habe das Gelände gemeinsam mit ihm abgefahren. Wir waren übereinstimmend der Meinung, daß sowohl vom polizeilichen als auch vom wirtschaftlichen Gesichtspunkt aus, der genannte Raum allen Erfordernissen entspricht. Ich beabsichtige [...], mit SS.-Sturmbf. Reemtsma den Raum zu überfliegen, um einen Gesamtüberblick zu bekommen [...].[30]

Was man weiß über das hinaus, was man zuvor zu wissen glaubte, läßt einen erst der Alptraum zwei Tage nach der Information ahnen.

30 Auf das Dokument hat mich freundlicherweise Andrej Angrick aufmerksam gemacht. Fundort des Originals ist: Zentrum für die Aufbewahrung historisch-dokumentarischer Sammlungen / Moskau, 504–2–8, Bl. 148–150: Befehlshaber der Sicherheitspolizei und des SD / Einsatzgruppe A: Riga, d. 1.10.1941, Vermerk: Betr.: Errichtung eines Konzentrationslagers in Lettland.

Textnachweise

Die Gewalt spricht nicht. Zum Verhältnis von Macht und Gewalt
  In: Mittelweg 36. Zeitschrift des Hamburger Instituts für Sozialforschung 9 (April/Mai 2000) S. 4–23. – Mit Genehmigung von Jan Philipp Reemtsma, Hamburg.
Das Recht des Opfers auf Bestrafung des Täters – als Problem
  J. Ph. R.: Das Recht des Opfers auf Bestrafung des Täters – als Problem. München: C. H. Beck, 1999. – Mit Genehmigung von Jan Philipp Reemtsma, Hamburg.
Nationalsozialismus und Moderne
  In: J. Ph. R.: Mord am Strand: Allianzen von Zivilisation und Barbarei. Aufsätze und Reden. Hamburg: Hamburger Edition, 1998. S. 175–207. – Mit Genehmigung von Jan Philipp Reemtsma, Hamburg.

Alle Texte wurden für die vorliegende Ausgabe vom Autor durchgesehen.

Nachwort

Die Texte des vorliegenden Bandes sind zu unterschiedlichen Gelegenheiten entstanden. *Die Gewalt spricht nicht* war einer von drei Vorträgen, die mir anläßlich der Verleihung der Gerhard-Mercator-Professur der Universität-Gesamthochschule Duisburg im Wintersemester 1999/2000 zu halten aufgegeben waren. Die Vortragsthemen werden dabei ausdrücklich freigestellt, und so konnte ich mich eines Themas annehmen, das ich schon immer einmal hatte behandeln wollen, ohne daß sich allerdings bisher die Gelegenheit ergeben hatte: des Verhältnisses von Macht und Gewalt.

Auch die anderen beiden Vorträge behandeln das Thema der Gewalt in der Gesellschaft. *Das Recht des Opfers auf die Bestrafung des Täters – als Problem* ist ein Vortrag, gehalten auf der Tagung »Trauma und kreative Lösungen« am 6. März 1998 in Köln. Ich war zu dieser Tagung eingeladen worden und hatte gefragt, ob das Thema »Trauma und Rechtsprechung« auf ihr präsent sei – verwundert verneinte man, denn man hatte sich auf medizinische und psychologische Aspekte beschränkt. Die Vorbereitung auf den Vortrag führte mich dann etwas weiter und dahin, das Thema »Trauma und Rechtsprechung« rechtstheoretisch einzubetten. Es schien mir wenig Sinn zu haben, es zu behandeln, ohne es in dem theoretischen Rahmen abzuhandeln, in dem es einzig Wirkung haben kann.

Der Text *Nationalsozialismus und Moderne* basiert auf einem Vortrag, den ich am 8. Februar 1996 im Rahmen der von der Universität Aachen veranstalteten Ringvorlesung »Von der Diktatur zur Demokratie. Universität und Wissenschaft im Nationalsozialismus und in der Bundesrepublik« gehalten habe. Der Vortrag erweitert das aufgegebene Thema: »NS und Moderne«, fragt nach dem Sinn der im-

mer wieder gestellten Frage: »Wie konnte es dazu kommen?«, und deutet sie als Ausdruck der Schwierigkeiten,
die die nach-nationalsozialistische Gesellschaft hat, sich mit
den Gewaltexzessen des NS wirklich zu konfrontieren.

Jan Philipp Reemtsma

Essays

EINE AUSWAHL IN RECLAMS UNIVERSAL-BIBLIOTHEK

Philipp Reclam jun. Stuttgart

Texte zur politischen Theorie

IN RECLAMS UNIVERSAL-BIBLIOTHEK

Philipp Reclam jun. Stuttgart